Carl Spitteler

Friedli, der Kolderi

Novellen

Literaricon

Carl Spitteler

Friedli, der Kolderi

Novellen

ISBN/EAN: 9783959130349

Auflage: 1

Erscheinungsjahr: 2016

Erscheinungsort: Treuchtlingen, Deutschland

© Literaricon Verlag Inhaber Roswitha Werdin. www.literaricon.de. Alle Rechte beim Verlag und bei den jeweiligen Lizenzgebern.

Friedli der Kolderi

Von

Carl Spitteler

3. Auflage

Zürich
Albert Müller's Verlag
1922

Inhaltsangabe.

	Seite
Lissele	5
Xaver Z'Gilgen	17
Ulysse und Jeanne	33
Der Salutist	49
Das Märchen von den vier Jahreszeiten	59
Das Märchen vom singenden Hauptmann	70
Friedli der Kolderi	81

Lissele.

Lissele stammte aus einer jener seufzenden Familien, welche es für den Inbegriff menschlicher Weisheit halten, aus jedem Ding den schwarzen Faden herauszuklauben und einander denselben umständlich vorzuzeigen.

Jeden Abend, sobald die Wanduhr die Stunde schlug, rief die alte Frau Dr. Fixle mit Schrecken:

„Es wird doch hoffentlich am Ende nicht schon acht Uhr sein?"

Der Doktor aber, welcher über seiner Zeitung mit den Vorbereitungen zum Einschlummern beschäftigt war, fuhr bei dieser Schreckensbotschaft entsetzt in die Höhe:

Warum nicht gar! Du träumst! Du bist nicht bei Trost!"

Wenn sich dann die Nachricht durch einen Blick nach dem Zeiger bestätigte, machten beide während einiger Minuten so ernste, feierliche Gesichter, daß das kleine Lissele vor Scheu und Ehrfurcht den Atem anhielt und kein Wörtchen zu sagen wagte.

Im Herbste erschien es gar bedenklich, daß die Tage so unheimlich rasch abnahmen, im Frühjahr, daß sie so jählings in die Höhe schnellten. Die Festtage schlugen durch die philosophischen Künste der Frau Doktor sämtlich in Trauertage um. Zu Weihnachten hieß es:

„Es ist doch lange nicht mehr dasselbe, wie vor zwanzig Jahren; Weihnachten kann man nur genießen, wenn man ein Kind ist." Unter solchen Betrachtungen setzten sich die Alten wehmütig in den Fenstersims und starrten zum Fenster hinaus.

Am Silvesterabend wurde über das dahinschwindende Jahr gejammert, wie über eine sterbende Tante, das künftige aber mit Kassandratönen bewillkommt:

„Wer weiß, was es uns alles bringen wird."

Am schlimmsten jedoch erging es Lissele an ihrem Geburtstag. Lissele hatte nämlich die leichtsinnige Gewohnheit, mit jedem neuen Geburtstag um ein Jahr älter zu werden; man denke sich den Schreck der überraschten Eltern. Soweit Lissele sich zu erinnern wußte, hatte es von jeher an ihrem Geburtstag geheißen:

„Weißt du jetzt aber auch, Lissele, wie a l t du schon bist? Vier Jahre!!" Und das wurde mit einer Stimme vorgetragen, als ob das Lissele auf dem Punkt wäre, graue Haare zu bekommen und ihre weißen Zähnchen, die sie eben erst von der Natur erhalten, auf Nimmerwiedersehen zu verlieren. Am folgenden Geburtstag hieß es natürlich „f ü n f J a h r e!!" mit allen Zeichen des Ernstes und der Ermahnung. Allein die Warnungen fruchteten nichts; Lissele, wie sehr sie auch von der Unheimlichkeit ihres jähen Alterns durchdrungen war, wurde niemals jünger.

Und wie bei dieser, so erklang es bei den übrigen Anlässen. Auf sommerlichen Reisen und Ausflügen, falls dieselben zur Seltenheit einmal vorkamen, verließ das Ehepaar Firle kein Dorf und kein Bächlein, ohne vorher ausdrücklich von ihnen Abschied genommen zu haben, mit dem wehmütigen Verdacht, es könnte am Ende das letztemal gewesen sein. Wenn dann Lissele in ihrer Unschuld lachend erwiderte, es wäre ja an sich auch kein so großes Unglück dabei, Schlettstadt oder Kolmar nicht wiederzusehen, es gäbe ja noch viele andere Städte und schönere, so erhielt sie statt der Widerlegung die Antwort:

„Lach' nur, Lissele! Das Lachen wird dir schon vergehen, wenn du einmal das „Leben" kennen lernen wirst!"

Während nämlich der Gedanke an Vergangenheit und Vergänglichkeit die gesamte Gefühlswelt der guten Alten beherrschte, kehrte in ihren Reden unaufhörlich das Wort „Leben" wieder, mit welchem sie die unbestimmten Schrecken der Zukunft bezeichnen wollten. „Leben" bedeutete in ihrem Mund die Feindschaft der Menschen, die Ungunst der Verhältnisse, die Tücken des Schicksals, die Sorgen und Bekümmernisse und noch vieles Unbestimmtes dazu; ja sogar der Tod hieß „Leben". Das Alles in ein Wort zusammengefaßt und mit dem Tone eines Jeremias ausgesprochen, flößte dem Lissele einen allegorischen Respekt vor dem „Leben" ein; dieses wurde in ihrer Phantasie persönlich, in der Gestalt eines unsichtbaren Schullehrers mit einem metaphysischen Lineal in der Hand, stets bereit, die erwachsenen Menschen zu schlagen, wie der Schreiblehrer die Kinder.

Trotz all' diesem Seufzen und Stöhnen und trotz dem schwindelhaften Altern von einem Geburtstag zum andern wurde Lissele immer frischer und hübscher, und schließlich war sie ein reizendes Fräulein, deren schelmisches Grübchen in der Wange die Herren Offiziere, jungen Beamten und Kaufleute zu einer Unmenge von Gedichten begeisterte; ohne Nutzen, denn Lissele, als wohlgezogenes Mädchen, übergab sämtliche Spenden unbesehen ihrer Mama, und diese bewahrte sie wohlverschlossen auf, als dereinstiges Triumphdenkmal am Tage der Hochzeit.

Als die Huldigungen überhandnahmen, wurde ein gewaltiges Familienkonzil zusammenberufen, dessen Schlußergebnis war, daß der junge Dr. Wäjele aus Straßburg, ein Vetter der Lissele, in den Wohnort des Dr. Firle übersiedelte, ihm die Landpraxis abnahm und dreimal wöchentlich an seiner Tafel speiste; die Zungen der Leute taten das übrige und ehe Dr. Wäjele wußte, wie ihm geschah, war er Bräutigam.

Jetzt bekam er natürlich ebensoviele Warnungen über Lissele zu hören als früher Aufmunterungen; er solle sich's doch lieber noch einmal überlegen, Lissele sei ein wenig bös, und wenn er nicht scharf acht gebe, so werde er seiner Frau gehorchen müssen, wie der Dr. Firle. Er gab weiter nicht auf das Gerede acht, denn das lächelnde Grübchen in der Wange sagte das Gegenteil.

Eines Morgens aber, als er in der Apotheke des alten Doktors ein Rezept schrieb, trat Lissele unvermutet herein, stellte sich vor ihn, schaute ihn lange Zeit mit großen, traurigen Augen an, in welchen Tränen spielten, bis sie endlich flüsterte:

„Glaubst du, ich werde dir eine böse Frau sein?"

Ein Kuß war die Antwort und von diesem Augenblick an hatten die beiden, welche bisher nicht gewußt hatten, mochten sie sich oder mochten sie sich nicht, einander herzlich lieb.

* * *

Das junge Paar baute sich ein Häuschen vor dem Tore, gegenüber der Wirtschaft „Zum Frohsinn", mit einem kleinen Garten.

Da wurde dem Dr. Wäjele eine Heimat eingerichtet, wie es im Orte keine zweite gab. Spiegelblank leuchtete das Hausgeräte; die Fußböden wurden mit prächtigen Teppichen, die Polsterstühle, Sofa, Kommoden, Tischchen und was sich sonst dazu eignete, mit geschmackvollen Stickereien belegt, denn im Sticken und Kunstnähen war Lissele stets eine Meisterin gewesen. In der Küche wirtschaftete eine alte Magd, ein Erbstück der Familie aus Straßburg, so sicher und zart, daß nie ein Geräusch oder ein Dampf in die Wohnzimmer herüberdrang. Das Gärtchen und die Fensternischen bedeckten sich mit einer Ueberfülle von Blumen und sogar die Haustür und die Geländer der Treppe dufteten mit ihrem Nachgeruch der Farben nach Reinheit und Neuheit, so daß dem jungen Doktor das Herz lachte, wenn er von seiner Praxis heimgaloppierend, von weitem sein Häuschen erblickte.

Dazu kamen mit der Zeit noch zwei hübsche Kinder, Mädchen, ein Lissele Nr. II und ein Minele, beide mit dem erblichen Grübchen in der Wange, so fein und nieblich, daß sie die Lieblinge aller Nachbarn wurden. Besonders Jaqui, der Hausknecht vom Wirtshaus drüben, welcher dem Doktor als Gärtner diente, wußte sich vor Freude über die jungen Dinger nicht zu lassen; er hatte selbst eine Dachstube voll solcher Geschöpfe und meinte, man könne dergleichen „Ware" nie zu viel im Hause haben.

Fleiß und Ordnung, Tugend und Liebe atmeten dem Gaste entgegen, der das Haus des Dr. Wäjele betrat, nur eins fehlte: die Fröhlichkeit, es war ein Paradies ohne Sonnenschein.

Sobald nämlich die junge Frau ein eigenes Heimwesen führte, trat sie genau in die Fußstapfen ihrer Mutter, das heißt, sie glaubte es jetzt dem „Leben" schuldig zu sein, ebenfalls zu seufzen über die Vergänglichkeit, zu philosophieren und vor allem sorgfältig zu wachen, daß kein leichtsinniger Laut der Freude die Stille des Hauses beleidige. Ein strenger Blick aus ihren großen Augen erstickte jedes Lachen im Keime.

Zunächst richtete sich ihre Willensüberlegenheit darauf, ihrem Mann das Reiten, seine einzige Leidenschaft, zu verleiden, bloß aus dem Grund, weil es sie verletzte, daß er nach jedem anhaltenden Ritt mit ausgelassenem Uebermut zurückkehrte, die Haustür unsanft zuschlug, die Kinder zu tollen Spielen verleitete und sogar an dem Jaqui Neckereien verübte.

Später gewöhnte sie ihm allmählich das „Ausgehen" ab. Wozu hatte er das nötig? Fand er nicht zu Hause, was er begehrte? und war denn ihr Papa, der Dr. Fixle, jemals ausgegangen? Endlich brachte sie es dahin, daß er im gemeinschaftlichen Wohnzimmer studierte; sie gehörten ja alle zusammen.

Dabei war sie keine böse Frau; nein, sie hielt ihr Wort; Schelten und Zanken waren ihr unbekannt, und wenn sie das Regiment führte, so geschah es unwillkürlich, nach dem Gesetz, daß in einer Gemeinschaft sich stets die schwächern Charakter den unbeugsamen, durch Naturanlage oder Grundsätze gefestigten, fügen. Woher es nur kam, daß niemand versuchte, ihr zu widersprechen, daß ihre Kinder sich vor ihrem Blick mehr fürchteten als vor den Worten des Vaters, daß sie, wenn sie je einmal zur Ausnahme nicht die Ersten in der Klasse waren, mit Zittern und Zagen nach Hause schlichen? Sie wußte es nicht zu erklären. Sie hatte ihre Kinder nie gestraft und auch nie von ihnen ausdrücklich verlangt, daß sie in allem die Ersten sein müßten.

Eines Tages wurde eine kleine Bahre vor das Wirtshaus „Zum Frohsinn" getragen; einer von den unzähligen Rangen des Jaqui war im Walde beim Holzsammeln zu Tode gefallen.

„Jetzt wird der Jaqui wohl den Ernst des Lebens begreifen," murmelte Frau Dr. Wäjele vor sich hin, denn sie hatte es nie verwinden können, daß der Jaqui, mit seinem Dutzend Kindern auf dem Hals, die nichts zu beißen und zu nagen hatten, mit einer kranken Frau im Spital, bei der Arbeit singen und pfeifen mochte.

Als aber drei Tage, nachdem man den armen Karl begraben hatte, der Jaqui neuerdings zu singen anfing, da wurde ihr der herzlose Mensch in der tiefsten Seele zuwider; sie konnte ihn unmöglich mehr länger als

Gärtner vor ihren Augen ertragen, ob sie schon nach wie vor fortfuhr, ihm Almosen und Geschenke hinüberzuschicken.

* * *

So vergingen vierzehn Jahre.

Das Unglück hatte während dieser langen Zeit Frau Dr. Wäsele, welche mittlerweile allmählich ein altes Lissele geworden war, verschont; Papa und Mama Firle lebten trotz ihrem hohen Alter in behaglichem Seufzen bei guter Gesundheit; ihre eigenen Mädchen waren der Stolz der Lehrer, und wenn sie die Köpfchen hängten, wenn ihr Mann nach und nach an nichts mehr Freude zeigte, wenn sie selber, so oft sie allein war, in die trübsinnigste Stimmung verfiel, so war einzig das „Leben" daran schuld.

Jetzt aber erschien nach dem Leben der Tod.

Minele, das jüngere der beiden Mädchen, das Lieblingskind, schleppte sich eines Abends fiebernd nach Hause, legte sich zu Bett und starb innerhalb vierzehn Tagen.

Das geschah alles so schnell und stürmisch, daß die Mutter am Krankenbett nicht zur Besinnung und zum Bewußtsein gelangte. Nachdem sich jedoch die Erde über dem lieben Kinde geschlossen, taute, von tausend zufälligen Erinnerungen aufgerissen, der Schmerz in der Seele der Mutter auf, Tag um Tag ein Stück, und unter jedem Schmerz klaffte eine schwärende Wunde und die einzelnen Wunden griffen um sich und vereinigten sich zu einem bodenlosen Leid ohne Trost und ohne Heil.

Wie aus weiter Weltenferne, durch ein Meer von unendlicher Schwermut, blickte das Auge der armen Frau Doktor unstet und absichtslos in die Gegenwart; der einzige Halt war das unverwüstliche Pflichtgefühl und die Liebe zu den Zurückgebliebenen.

Sie liebte dieselben wie vorher, vielleicht noch inniger; was sie ihnen aber jetzt nicht mehr zu geben vermochte, das war die Teilnahme an ihren kleinen Freuden und Leiden. Selbständig durfte keines mehr ihre Aufmerksamkeit beanspruchen; nur in der Erinnerung an die Dahingeschiedene sollte sich fortan die Familie vereinigen; das liebe Kind, das ihnen allen gemeinschaftlich entrissen worden war, sollte durch die Kraft eines ewigen Schmerzes in ihrer Mitte wohnen bleiben, sein bleiches Bild niemals vor ihren Augen schwinden, sondern die wertlose Gegenwart mit seiner heiligen Traurigkeit wehmütig verklären.

Und weil in jedem Trauerhause stets derjenige seine Stimmung den übrigen aufnötigt, welcher am tiefsten trauert, erlaubte sich weder der Doktor noch das junge Lissele mehr eine unbefangene Gebärde oder ein gleichgültiges Wort.

Vergaß sich eines einmal, versuchte der Doktor eine Zigarre zu rauchen, oder ließ sich Lissele im harmlosen Gespräch mit einer Freundin überraschen, so schaute die Frau Doktor so verzweifelt, so von Gott und den Menschen verlassen drein, daß dem Doktor das Rauchen und dem Lissele das Plaudern auf lange Zeit verleidet war.

Die Jahre vergingen, ohne Linderung zu bringen, denn die unglückliche Frau hegte ihren Schmerz wie einen religiösen Glauben; der Doktor wurde immer düsterer und das junge Lissele schlich umher wie ein Engel am Krankenbett.

Da geschah mit dem Mädchen, welches inzwischen zu einem reizenden Jungfräulein herangewachsen war, wie einst ihre Mutter, plötzlich eine Veränderung. Sie wurde zerstreut, hörte nicht, was man sie fragte, errötete ohne Anlaß und bemerkte nicht die forschenden Blicke ihrer Mutter.

Es war um die Fastnachtzeit. Am Fastnacht-Mittwoch aber, morgens um 11 Uhr, erschien, untadelhaft gekleidet, der Sohn des Bürgermeisters, stammelte mit tiefem Bückling einen verlegenen Gruß, errötete bis zur Stirne, drehte den Hut zwischen den Händen und bat um die Ehre, Fräulein Wäjele zum Maskenball führen zu dürfen.

Das Gesicht der Frau Doktor verfärbte sich; mit bleichen Wangen, bebend vor Schmerz und Zorn eilte sie die Treppe hinauf in das Schlafzimmer der Lissele, wo diese sich versteckt hatte, und rief ihr mit harter Stimme entgegen:

„Wenn du das Herz hast, auf den Maskenball zu gehen, während deine Schwester unter der Erde liegt, ich hindere dich nicht daran." Dabei warf sie dem zitternden Geschöpfchen einen Blick zu, welcher sie gleich einem leichtfertigen, verwerflichen Mädchen verurteilte.

Lissele ging nicht auf den Maskenball.

Allein in der Nacht klammerte sich das Unrecht, welches ihr die Mutter angetan, um ihr einsames Herz, und ihr freudloses Dasein, das sie bisher gedankenlos ertragen, kam ihr jetzt ins Bewußtsein, Tag für Tag, Entbehrung für Entbehrung, schwer und grau und kalt wie der Winter draußen, nirgends eine Aufmunterung, nirgends ein Sonnenstrahl, weder vor noch hinter ihr.

Und am andern Morgen um 6 Uhr, als die finstere Nacht in düsteren Tag überging und die Masken jauchzend vom Tanz zurückkehrten und der Jaqui gegenüber dem „Frohsinn" den Wagen aus der Scheune zog, mit übernächtiger Stimme eine Polka trällernd, da schlich das arme Lissele halb angekleidet durch die Hintertür in die kalte Welt hinaus und eilte mit hastigen Schritten, als fürchte sie zu spät zu kommen, geraden Weges nach dem nächsten Wasser.

Wenige Minuten später zeigten sich die Nachbarn an den Fenstern und Türen, einander mit aufgeregter Stimme eine Meldung zurufend, welche augenblicklich neues Volk auf die Straße lockte.

Aber aus dem Hause des Dr. Wäjele stürzte eine Frau hervor, mit schwankendem Gang und tastenden Händen, mit einem Gesicht, daß den Schwatzenden das Wort auf den Lippen erstarrte und sie sich eilends aus dem Bereich des Blickes zurückzogen.

Die Aermste kam nicht weit; vor dem „Frohsinn" brach sie zusammen.

Jaqui hatte es gesehen; er rafste sie mitleidig vom Boden auf und trug und schleppte sie in die Wirtsstube, in welcher noch vereinzelte verspätete Zecher bei der Flasche saßen. Dort redete er, so gut es sein Herz und sein Verstand vermochten, der Unglücklichen auf seine ungeschlachte Art Trost zu, denn er meinte, den Pfarrer ersetzen zu müssen.

"Sie müssen deshalb nicht verzweifeln, Frau Doktor. Es gibt Freuden und Leiden auf der Erde; wer das eine angenommen hat, darf sich auch über das andere nicht beklagen. Lange ist es Ihnen gut gegangen, jetzt müssen Sie auch das Schlimme erdulden lernen. Es ist hart, ich weiß es wohl, ich habe es ja auch erlebt. Es tat mir auch weh, als sie mir meinen Karl aus dem Walde brachten auf einem Kartoffelsack, und ich meinte auch, ich müsse daran zugrunde gehen. Aber als ich bemerkte, daß meine andern Kinder meinetwegen still und stumm wurden und meinten, sie dürften jetzt nie mehr lachen, da habe ich mir gesagt: Was gewinnst du, wenn du dich hintersinnst? Ihm nützt es ja doch nichts und den andern verpfuscht es das Leben. Mut und Fröhlichkeit hat jedes Geschöpf nötig, zum Leben und zum Arbeiten, und schließlich ist man den Uebriggebliebenen mehr schuldig als denen, die nicht mehr da sind, und die nicht einmal etwas von unserm Kummer um sie erfahren. Und so habe ich mir denn Gewalt angetan und mich gezwungen, zu singen wie vorher, wenn es mir schon zuerst eher ums Weinen war. Sehen Sie, da kommt der Herr Doktor; er hat's ja auch nötig, daß man ihn ein wenig aufheitert, er ist ohnehin zum Trübsinn geneigt."

Xaver Z'Gilgen.

Wer die Natur aufrichtig schätzt, hat seine Lieblingsgegenden, in welche er immer wieder zurückkehrt, selbst wenn er inzwischen überlegenere landschaftliche Bilder kennen gelernt haben sollte.

Ja, es wird sich gewöhnlich etwas Eifersucht in die Liebe mischen. Man möchte eine Landschaft, die man in den verschiedensten Stimmungen geschaut und hierdurch gewissermaßen erlebt und sich angeeignet hat, nicht mit dem ersten besten teilen; man empfindet die Anlage einer Verkehrsstraße oder den Bau eines Gasthauses als einen Eingriff, man fühlt sich dadurch verletzt und beleidigt.

Eine der Gegenden, die es mir angetan haben, liegt zwischen dem Kloster Einsiedeln und dem Flecken Schwyz; sie ist schön genug, um das Auge und das Herz durch ihre Majestät zu entzücken, aber auch einsam genug, um ungestörtes Sinnen und Genießen zu erlauben.

Man fährt des Morgens in der Frühe mit der Bahn von Zürich an dem freundlichen Seeufer dahin, dann mit einer Bergbahn nach den Höhen der Schindeleggi und über die Wasserscheide nach Einsiedeln.

Hier hat die Welt ein kleines, hohes und wildes Ende und es gilt, über den Yberg, einen harmlosen, die Kraft eines rüstigen Spaziergängers erfordernden Paß unterhalb des Mythenstocks, zu steigen.

Der Weg ist weiter als einem die Erinnerung, welche ja stets die Entfernungen verkürzt, gesagt hatte; die Zeit verstreicht; man hat vielleicht ein Stündchen zu lange beim Mittagessen verweilt, und wenn man oben auf der Paßhöhe angelangt ist, wird es wahrscheinlich Abend sein.

Aber wie sehr auch die Uhr und die sinkende Sonne mahnen mögen, oben bei dem Hüttchen werden wir eine Stunde ruhen; denn vor uns liegt zwischen dunklen Wäldern eine grüne, nicht allzu steile Halde von schwindelhafter Tiefe, oben einsam, unten mit hundert winzigen Häuschen besät, ganz zu unterst ein Zipfelchen Vierwaldstättersee, eingeschlossen in einem wahren Labyrinth von wirr durcheinander geschobenen trotzigen Alpenhäuptern. Das ist keine „Aussicht", es ist mehr als das: eine Landschaft, und zwar eine Landschaft, wie sie etwa die Phantasie eines Lionardo da Vinci hätte träumen mögen.

Während stundenlang keine menschliche Seele zu erblicken war, schleichen jetzt, wo die Sonne sich zum Untergange anschickt, einige Gestalten plumpen Ganges nach dem Felsen zu unserer Linken.

Was wollen sie dort oben? Sie gucken zwischen den Tannen hervor und lugen bedächtig ins Tal.

Plötzlich beginnt ein Jodeln nach allen vier Windrichtungen hin; tief unten an der Halde antwortet Schellenklang und Rindergebrüll, und ehe wir uns dessen versehen, klettern und kriechen die Herden ameisenartig gegen uns heran, immer zahlreicher und immer größer, quer über die Triften, schlangenförmig auf dem gewundenen Weg, längs den Hecken.

Da gibt es kein Entrinnen mehr, wir müssen mitten hindurch.

Die Kühe bleiben wie auf Befehl stehen, uns anglotzend, bis wir auf Armeslänge herankommen, dann flüchten sie mit schwerfälligen Sprüngen zur Seite; die Stiere dagegen behaupten mürrisch das Feld, wir müssen ihnen den Platz räumen.

Und dann geht es stundenlang im steilen Zickzack talabwärts zwischen Ställen und Sennhütten, an schmucken Landhäusern, dem luftigen Sitze der beneidenswerten Herren von Schwyz vorbei.

Die Dämmerung schleicht aus dem See empor; hoch oben blinken die Sterne; um die fernen Gipfel der Alpen brüllt ein Gewitter, und wenn wir endlich in Schwyz anlangen, ist es finstere, späte Nacht.

Nicht immer jedoch teilen sich Blitze und Sterne friedlich in den Himmel; es kann auch vorkommen, und dann kommt es meist urplötzlich vor, daß man sich auf halber Höhe dem Unwetter preisgegeben sieht.

So erging es auch mir im vergangenen Sommer.

Die Nacht, der strömende Regen und der fast ununterbrochene Blendschein der blauen Blitze verhüllten mir den Weg und ich kam nur tappend und tastend vorwärts. Da überholte mich ein junger, wohlge=

stalteter, fester Senn und bot mir in der biederen und treuherzigen Weise der Aelpler Hilfe und Quartier an. So brachte ich die Nacht in einer Hirtenwohnung zu.

„Vornehm ist's nicht," munkelte der Brave, als er mich in die Kammer seines abwesenden Bruders geleitete, „aber gut ist's gemeint und hätte ich's besser, so gäbe ich's besser. Und" — fügte er mit einigem Stolze hinzu — „wenn Ihr etwa vor dem Schlafen noch ein wenig lesen wollt . . ."

Mit diesen Worten leuchtete er mit der rauchenden Talgkerze gegen den Finstersims und legte mir drei staubige Bücher in die Hand.

Die Artigkeit erforderte, daß ich sie oberflächlich musterte. Es war eine Schweizergeschichte für Schulen, ein Andachtsbuch und eine vergilbte Sammlung von Hexen- und Zauberprozessen.

Wie ich die letztern aufschlug, fiel mein Blick auf folgenden Satz:

„. . . . . und selbst auf dem Wege nach dem Hochgericht seyne Unbußfertigkeit nicht abgeleget, und die Sanctam Absolutionem nicht nachgesuchet, sondern fortgefahren, die heylige Dreyfaltigkeyt u. Fürsehung u. Weltordnung mit schröcklichen Reden anzuklagen, auch unter den peynlichen Griffen des Henkers seyne gräuliche Ketzerey keynesweges widerruffen, sondern mit lauter Stimme geschrieen, dem heyligen Evangelio zum Trotze dabey zu verbleyben, daß die gesammte Mundicreation aus eytel Bosheyt u. Schadenfrohmüthigkeyt von s. v. dem Teuffel auscogitiret u. einstituiret worden sey."

Diese Worte überraschten mich, da in religiösen Zeiten selbst die ruchlosesten Verbrecher den Namen

Gottes und der Heiligen zu schonen pflegten. Offenbar war da von einem Vorläufer der modernen Pessimisten die Rede, und ich war um so begieriger, die Beweggründe dieser vereinzelten Denkungsart kennen zu lernen, als dieselben von gewaltiger Kraft sein mußten, um die furchtbare Rüstung der Kirche und des Zeitalters zu durchlöchern.

Nachdem daher mein Wirt die Kammer mit einem frommen „B'hüt Euch Gott!" verlassen, spürte ich dem Anfang des Berichtes nach, wobei ich denn aus dem Wust von gerichtlichen Prozeduren und aktenmäßig niedergeschriebenen Geständnissen eine ergreifende Leidensgeschichte herauslas.

* * *

Xaver Z'Gilgen, so hieß der Delinquent, war einst ein armer Schiffsmann aus Brunnen bei Schwyz, der um Lohn die Marktleute in die Dörfer und Flecken des gegenüberliegenden Seeufers mitunter bis gegen Flüelen hinauf führte.

Einmal im Jahre, zumeist im Spätherbst, trieb er eine der großen Viehherden über den Gotthard auf den Markt von Lauis (Lugano). Wenn der Winter kam und die Arbeit mangelte, verdingte er sich wohl auch für einige Monate als Bedienter bei den Vornehmen in Schwyz, wo er wegen seines stillen, bescheidenen Wesens, seiner Anstelligkeit und seines gefälligen Aeußern gern gelitten war.

Die Sorgen um den Lebensunterhalt nahmen nicht allein seine Tätigkeit, sondern auch seine Aufmerksamkeit in Anspruch, und obschon der schmucke Bursche auf dem Tanzboden die reichsten Sennen in der Gunst der Mädchen ausstach, war ihm doch niemals eingefallen, daß so ein armer Schiffsmann heiraten dürfte.

So verstrichen die Sommer und Winter, und als er Anno 1641 dreißig Jahre alt wurde, überließ er als alter Knabe den Tanzboden den Jüngeren.

Im folgenden Herbst trieb er wie gewöhnlich seine Herde nach Lauis, und da er gerade dazu kam, wie in Giornico die Weinlese stattfand, stellte er seine Herde in den Pferch und schaute mit der Ruhe des Aelplers dem Geschäft zu.

Eine braune Dirne mit bloßen Füßen und aufgeschürztem Rock, welche eine Granatblüte über dem Ohr in den schwarzen Locken stecken hatte, schritt mehrmals freien Ganges mit dem gefüllten Korbe an ihm vorüber, ihm einen prüfenden Seitenblick zuwerfend. Endlich wies sie ihm ihre weißen Zähnchen, stieß ihn mit dem Ellenbogen leicht an und rief mit lauter Stimme in gebrochenem Schwyzerdeutsch:

„Faulpelz! Anstatt da zu stehen, könntest du uns ein wenig helfen."

Ein allgemeines Gelächter hinter den Weinranken begleitete ihre Neckerei und Xaver hielt sich hierdurch für verpflichtet, der Aufforderung nachzukommen.

Den ganzen Abend führte er fleißig das Winzermesser und wenn er einen Augenblick ruhen wollte, deutete die Dirne auf die Trauben.

„Ancora!", befahl sie, und er begann sofort von neuem.

Nicht einmal einen Dank bekam er zum Abschied. Es mußte wohl in Giornico gewöhnlicher Brauch sein, die Reisenden zum Winzerdienst zu pressen.

Aber als er schon hundert Schritte entfernt war, wendete er sich um und schlich nochmals herbei.

Die Augen des Mädchens leuchteten, wie sie ihn umkehren sah, dann biß sie sich auf die Lippen und wartete.

„Wie heißt du?" fragte er mit unsicherer Stimme.

„Speranza," antwortete sie und lachte mit heller Stimme.

Jetzt schämte er sich über die Maßen. Offenbar hatte er etwas Dummes gefragt und es reute ihn, daß er umgekehrt war.

Der Weg nach Lauis ist weit und die Herden „fahren langsam". Xaver fand mithin, obschon er nichts weniger als ein Denker war, Zeit genug, um mit den Gedanken, die ihm unwillkürlich aufstiegen, fertig zu werden.

Nachdem er daher in Lauis seine Geschäfte erledigt hatte, begab er sich zum Landvogt, einem Schwyzer, bei dem er einst in Dienst gestanden, und fragte ihn treuherzig, ob er wohl ein Mädchen, das er gerne heiraten möchte, heiraten solle. Der Landvogt klopfte ihm auf die Schulter und sprach:

„Vereli, ich bin kein Beichtvater, und wenn ich auch ein solcher wäre, so würde ich mir's zweimal bedenken, ehe ich einem andern in Heiratsangelegenheiten einen Rat gäbe; aber so viel getraue ich mir schon zu sagen, weil Ihr mich einmal gefragt habt, daß es nichts schadet, wenn man diejenige, welche man heiratet, gerne heiratet."

Danach begab sich Xaver auf die Heimreise, suchte seine Speranza auf, machte es mit ihr „richtig" und nahm sie als seine Frau mit über den Gotthard.

Vieler Umstände bedurfte es dabei nicht, denn die Gemeinde war froh, der bettelarmen Speranza loszuwerden, und ein Fuhrwerk hatten sie auch nicht; die ganze Mitgift des Mädchens hatte in einem Bündel Platz, welchen Xaver auf seinen Rücken schnallte.

Xavers Landsleute sperrten die Augen auf und schüttelten den Kopf, als sie ihn mit einer Frau heimkehren sahen. Daß sie arm war, wollten sie ihm zur Not verzeihen, aber eine Fremde und dazu noch Eine aus dem ennetbergischen Untertanenland zu nehmen, während man unter den vollblütigen Schwyzerinnen wählen konnte, das kam einer Beleidigung des herrschaftlichen, eidgenössischen Kantons gleich. Eine Mißheirat wird auf dem Lande noch strenger geahndet als bei Hofe.

Xaver sah sich als „Abtrünniger" gemieden, und wenn ihn nicht seine Gönner, die Vornehmen von Schwyz, welche freieren Anschauungen huldigten, mit Arbeit bedacht hätten, so würde ihn seine Vereinsamung zur Auswanderung gezwungen haben.

Für die Ungunst, die ihm in der Oeffentlichkeit, auf der Landsgemeinde und im Wirtshaus begegnete, entschädigte ihn freilich das Glück, das er in seinem Häuschen fand. Speranza, obschon unordentlich, ja selbst unreinlich im Hauswesen, so daß die Nachbarinnen die Hände über dem Kopf zusammenschlugen, war allzeit fröhlich, sang bei der Arbeit in der Küche und im Gärtchen und lachte, wenn sie nichts Besseres zu tun oder zu reden wußte. Des Sonntags, auf dem Weg zur Messe, ging sie mit aufrechter Haltung und vornehmen Schritten neben ihm einher, daß er sich wie der Landammann von Schwyz vorkam und mit dem reichsten Sennen nicht getauscht hätte.

Als sie ihm vollends übers Jahr ein Mädchen schenkte, da wurde er glücklich wie ein Kind, kümmerte sich um die ganze Welt nicht mehr, besuchte weder die Landsgemeinde noch das Wirtshaus, ja sogar nur selten die Kirche und saß zu Hause, so oft es nur seine Arbeiten erlaubten.

Natürlich ließ er das Mädchen Speranza taufen, denn einen lieberen Namen wußte er nicht auf der Welt.

* * *

Das ging so in Glück und Frieden bis zum Februar 1645.

Um diese Zeit, während der Fastnacht, auf dem Heimweg vom Tanz in Lowerz, wo sie allein hingegangen war, weil Xaver unterdessen das Kind hütete, wurde seine Speranza von „lustigen Nachtbuben" aus Zug angehalten und, da sie sich zur Wehre setzte, erschlagen — „aus Uebermut und Kurzweil", wie es in den Akten heißt.

Seit diesem Augenblick — ich folge von nun an der Anklage im Stil wie im Inhalt — legte Xaver ein unchristliches Wesen an den Tag.

Zunächst zeigte er seinen Hochmut damit, daß er ein großes „Wesen" von dem Totschlag machte, ungeachtet derselbe doch nur von trunkenen Nachtbuben zur Kurzweil an einem hineingeschleppten ennetbergischen Mädchen verübt worden war. Ja, allen vernünftigen Zureden zum Trotze, belästigte er die gnädigen Herren und die Landsgemeinde mit unaufhörlichen Anträgen, man möge um dieser unnützen Geschichte willen den lieben, teuren, eidgenössischen, freundnachbarlichen und katholischen Stand Zug von amtswegen zeihen und beklagen, respektive mit Krieg überziehen.

Nachdem er wiederholt in dieser Angelegenheit von der Landsgemeinde mit Spott und Schande überstimmt worden war, verschloß er sich plötzlich den Menschen, vernachlässigte seine Arbeit und seine Kleidung, ging auch nicht mehr zu Kommunion und Beichte und antwortete dem Kaplan, wenn ihm dieser derohalben Vorstellungen machte, erst möge ihm der liebe Gott ein Wunder zeigen und ihm seine liebe Speranza wieder ins Leben rufen, dann wolle er seine Güte und Allmacht preisen.

Während er dergestalt die heilige Kirche verachtete, trieb er eine ärgerliche Abgötterei mit seinem Kinde, indem er ihm aus dem jahrelang zusammengesparten Gelde köstliche Kleider und Leckerbissen und allerlei Kurzweil kaufte, daß es hochmütig einherging wie eines Ratsherrn Töchterlein von Luzern. Auch züchtigte er dasselbe niemals mit Ruten, nach frommem christlichem Brauch, sondern liebkoste es vom Morgen bis zum Abend, nannte es mit den süßesten Namen und willfahrte jedem seiner Wünsche, gleich als ob er sein Diener und nicht sein Vater gewesen wäre. Und das Kind hing an ihm wie ein Hund an seinem Herrn und wollte mit keinen andern Kindern spielen, sondern begleitete seinen Vater auf seinen Fahrten, bis Stans und Luzern, ja sogar nach Uri und Italien.

Und es herrschte eine solche sündhafte, abgöttische Anhänglichkeit zwischen den beiden, daß es allmählich ruchbar wurde, wie er zu dem Frevel seiner hochmütigen Ketzerei noch das Verbrechen der Zauberei hinzugesellte.

Vor allen Augen offenbar aber wurde seine Zauberei bei der schweren Heimsuchung, welche Gott der Allmächtige in seiner Gnade im Jahre 1647 über die Gemeinde Brunnen wegen ihrer Sünden verfügte.

Im selbigen Sommer nämlich führte der Magister Balzer die Kinder zum Feste nach Einsiedeln über den Yberg.

Weil aber jenseits der Almend im Walde viele rote giftige Beeren wuchsen, welche schon manchem Schaden an seiner Gesundheit gebracht hatten, so ermahnten die Väter ihre Kinder mit vieler Strenge, nicht seitwärts vom Wege zu gehen und keine roten Beeren zu essen, sondern dem Magistro in Gehorsam untertan zu bleiben, gleich wie sie selber ihrer Obrigkeit in Zucht und Frömmigkeit untertan wären.

Und damit ihre fürsorgliche Lehre und Exhortation eindrücklicher im Gedächtnis verbliebe, züchtigte ein jeder sein Kind vor dem versammelten Volke mit Ruten; auch hielten sie den Magistrum an, selbige Züchtigung zu besserem Gedächtnis zu wiederholen, zuerst an der Säge, unterhalb der Almend, und dann auf dem Berge bei den vier Winden ob dem Walde.

Nur Xaver Z'Gilgen züchtigte weder sein Kind selber mit Ruten noch wollte er leiden, daß der Magister dasselbe tätlich exhortiere, redete ihm auch nicht scharf zu, sondern sah ihm milde in die Augen und fragte mit sanfter Stimme, ob es ein freies (braves) Schwyzerkind sein wolle oder ein stolzes (unartiges). So nämlich pflegte er es alle Tage zu fragen. Das Kind aber zeigte keinerlei Angst noch Untertänigkeit, sondern antwortete mit beherzter Stimme, ein freies Schwyzerkind sein zu wollen und keine Beeren anzurühren, geschweige denn rote, und sie zu essen.

Xaver Z'Gilgen belobte sein Kind und herzte es gleich einer Mutter und gab ihm durchaus keine andere Exhortation, so daß das Volk von großem Schrecken über sein nahes, elendigliches Ende ergriffen wurde.

Und die Kinder überwältigten den Magistrum bei den vier Winden ob dem Walde und banden ihm die Hände und Füße mit Tüchern.

Darauf gingen sie hin und aßen rote Beeren bis zum späten Abend.

Aber als der Mond heraufzog und die Kälte ihnen zusetzte und das Gift in ihren Eingeweiden zu grimmen anfing, bereuten sie ihren Ungehorsam, lösten den Magistrum von seinen Banden, umfaßten seine Knie und flehten zu ihm mit Tränen und erbärmlichen Reden, er möge sie doch um Christi Barmherzigkeit willen von ihrer grausamen Pein erretten und in ihre Heimat zurückführen.

Und von selbigen Kindern starben sieben eines elenden Todes, die einen auf dem Wege, die andern am folgenden Tage in ihren Betten, die übrigen aber lagen lange Zeit krank unter großen Schmerzen.

Einzig Speranza Z'Gilgen, obschon sie weder Zucht noch Exhortation erhalten hatte, wich nicht von dem Magistro und aß nicht von den roten Beeren und spürte auch keinerlei Pein, so daß ihres Vaters Zauberei vor allen Augen offenbar wurde und ohne die Intervention und Fürbitte der gnädigen Herren von Schwyz schon damals seine Freveltaten zur verdienten Strafe wären gezogen worden.

Allein da sich sein Hochmut von Tag zu Tag mehrte, setzte der Allmächtige seiner Langmut ein Ende, indem er den sündhaften Abgott seines Herzens, die Speranza, an einem Steinwurf, den sie in der Kurzweil mit fröhlichen Knaben erhalten, nicht gesunden, sondern unter grausamen Schmerzen dahinsiechen ließ.

Anstatt jedoch die Strafe mit christlicher Demut zu seiner Buße und Besserung zu benützen, verstockte Xaver Z'Gilgen sich nur um so hartnäckiger und setzte seinem ketzerischen Hochmut dadurch die Krone auf, daß er, die wundertätige Fürbitte des Klosters verachtend, mit großen Kosten zwei gelahrte doctores nächtlicherweile von Luzern auf dem Nauen (Nachen) herüberholte, welche die Kranke mit aller Kunst und Sorgfalt schonten und pflegten und ihr die schwärenden Wunden mit dem Messer und dem glühenden Eisen säuberlich reinigten.

Speranza aber wollte sich den doctoribus nicht in Güte unterziehen, sondern begann heftig zu schreien und zu klagen, warum sie so grausame Pein leiden müsse und ob sie denn nicht alle Zeit ein freies Schwyzerkind gewesen sei.

Und sie flehte mit Worten und Blicken so rührend zu ihrem Vater, daß alle Umstehenden weinten.

Selbst jetzt aber noch redete er ihr nicht mit Strenge zu, erklärte ihr auch nicht, daß sie ihre Leiden als gnädige, gerechte Strafe für ihre Sünden erdulde, sondern lobte sie mit zärtlichen Reden, schalt auf die Welt und den Himmel und nannte sie sein liebes, freies Schwyzerkind.

Als aber Speranza die abgöttische Liebe ihres Vaters bemerkte, umschlang sie seinen Hals und schwor mit Zittern und mit Schreien, sie wisse nicht, was sie Uebles getan habe, daß er sie so grausam von den doctoribus bestrafen lasse und er möge ihr doch verzeihen und die doctores wegschicken und ihre Schwären heilen, so wolle sie ihr ganzes Leben lang ein freies Schwyzerkind sein und nie wieder etwas Stolzes begehen.

So flehte und schrie sie bis an ihr unbußfertiges Ende, den 12. Januarium 1648.

Am 17. Januario aber, am Tage der heiligen Gertrud, als der ehrwürdige Pater Aloysius in der Kirche zu Brunnen über den Text predigte: „Und Gott sah an alles, was er gemacht hatte: und siehe da, es war sehr gut" (I. Moses 1, 31), da sprang Xaver Z'Gilgen auf und schalt unter vielem Schreien und Weinen den ehrwürdigen Patrem Aloysium einen Lügner und das heilige Evangelium eine Irrlehre und fing an, insbesondere gräuliche Ketzereien auszustoßen, als wäre die Welt nicht aus Güte vom lieben Gott geschaffen worden, sondern von s. v. dem Teufel aus grausamer Arglist, um sich an der Pein und Folter der unschuldigen Menschen und Tiere zu belustigen.

Also kam seine ruchlose Ketzerei an den Tag.

Das Volk aber empörte sich über seine Reden, schlug ihn und überwältigte ihn und überlieferte ihn den Richtern zu seiner wohlverdienten Strafe...

* * *

Die Kerze war zu Ende gebrannt und die Müdigkeit übermannte meine Gedanken.

Während der Donner rollte und der Regen durch die Fugen der Fenster strömte, schlief ich einen gesunden Schlaf bis zum späten Morgen.

Aber als nun beim Erwachen der glänzende Tag ins Zimmer schien und unten vor meinen Augen Brunnen über dem See im hellen Sonnenschein glitzerte, und oben der hohe Mythen und der Yberg, da erinnerte ich mich, die ganze Nacht von dem unglücklichen Xaver Z'Gilgen, seinem schönen Weibe und der lieblichen kleinen Speranza geträumt zu haben. Wir wandelten alle vier von Einsiedeln nach Schwyz; Xaver und sein Weib jauchzten oben am Gipfel von den Felsen übers Tal, Speranza pflückte mir Enzianen und ich nannte sie ein liebes, freies Schwyzerkind.

„Ihr habt gut geschlafen," lachte der Hirt, der in diesem Augenblick unversehens zur Kammer hereinstieg. „Ja, ja! wenn man's nicht gewohnt ist — nach einem tüchtigen Marsch, wie Ihr gestern einen gemacht habt, kann man das Schlafen schon brauchen. Ich bring' Euch ein Glas Milch, wenn Ihr fürlieb nehmen wollt. Kaffee und Cichorien und Zucker und derlei Kostbarkeiten kann ich Euch leider nicht anbieten."

„Wem habe ich für die Gastfreundschaft zu dan=
ken?" —

„Ignaz Z'Gilgen sagt man mir," und da er meine
Bewegung bemerkte und durch einen Blick auf die ab=
gebrannte Kerze und das aufgeschlagene Buch die Ur=
sache derselben erriet, fügte er hinzu: „Von einem
Bruder jenes Xaver Z'Gilgen stamm ich ab . . . Es ist
seither manches besser geworden. Und wenn ich schon
gerade wie er mit einer Tessinerin verlobt bin, habe ich
deshalb doch keine Angst. Auf der andern Seite des
Gotthard sind sie ja auch Menschen, so gut wie wir,
oder was meint Ihr dazu?"

Ulysse und Jeanne.

Auf der breiten Terrasse des Kurhauses Magglingen ruhte eine Gesellschaft von Neuenburgern, Herren und Damen, auf den tief unten liegenden Bieler See schauend.

Sie waren mit dem ersten Zuge hergekommen und hatten den langen schönen Sommertag vor sich. Und da es vielfach Gewinn bringt, wenn man sämtliche lockende Möglichkeiten, unter welchen eine einzige ausgewählt werden muß, mit der Einbildungskraft prüfend genießt, besprachen sie ausführlich die verschiedenen Heimwege.

Die einen wollten die stillen, epheubewachsenen Fichtenwälder gegen Orvins hin absuchen — und das waren nicht die Unerfahrensten; andere stimmten für einen Ausflug nach den Wasserschluchten von Reuchenette; ein letzter Teil schilderte die Reize der Petersinsel, die dort rechts unten duftig und buschig aus dem blauen See emporgrüßte.

Während sie so ihre Pläne zusammentrugen, mehr aus dem Bedürfnis, den fernen Nachmittag voraus zu kosten, als in der Absicht, ihn abzugrenzen, und bereit, im letzten Augenblick das Entgegengesetzte von dem aus=

zuführen, was sie würden beschlossen haben, rückte mit Trommeln und Fahnen eine Knabenschule heran, warf sich stürmisch auf die Bänke und eroberte im Nu die weite Plattform. Ihre Gesichter glänzten vor Lust und Schweiß, denn sie hatten bereits vier Stunden strengen Marsches hinter sich, und Messer, Münder und Botanisierbüchsen klapperten, daß es eine Freude war.

Ein einziger Gedanke bemächtigte sich der Zuschauer: „Glückliche Jugendzeit!"

Und Adrienne Carteret, die schönste und eleganteste der Neuenburgerinnen, gab dem gemeinschaftlichen Gedanken wörtlichen Ausdruck:

„Wenigstens," sprach sie im Namen der übrigen vor sich hin, „wissen die noch nichts von getäuschter Hoffnung."

„Sie glauben, Fräulein?" warf der junge Dr. Sandoz ein; „was mich betrifft, bin ich überzeugt, daß unser aller Enttäuschungen zusammengenommen nicht aufwiegen, was vielleicht dieser oder jener unter ihnen an betrogener Hoffnung, an herzerstickendem Weh schon erlitten hat. Sie halten das für übertrieben? Es ist leider die einfache Wahrheit.

Sehen Sie dort den stillen, sinnigen Jungen, der abseits von den übrigen sitzt, bei der Halle, am zweiten Tisch? Von dem kann ich Ihnen eine Geschichte erzählen, die Sie vielleicht auf eine andere Meinung bringt.

Wie Sie sich erinnern, war ich bis vor drei Jahren, ehe ich nach Neuenburg zog, Arzt in Neuenstadt, und da kam ich denn öfters nach Prêles hinauf, wo der

Junge zu Hause ist. Jetzt scheint er, wie ich bemerke, die Lateinschule von Neuenstadt zu besuchen.

Kennen Sie Prêles? Nein?

Wenn Sie von Neuenstadt oder noch besser von Douanes den Rebberg hinaufsteigen, so liegt es oben auf der Hochebene, hinter dem Waldsaume, gerade über der Peters-Insel, die man freilich nicht sieht, sondern nur die weißen Alpen über dem Walde, wie wenn sie unmittelbar hinter den Buchen wüchsen; herwärts davon Wiesen, Saaten und Weiden. Es liegt schön in seiner Art. Man hat den Eindruck, als hätte man einen Tisch vor den Himmel geschoben und stünde darauf und lehnte mit den Ellbogen auf den Wolken.

Nun gut! Vor fünf Jahren, an einem heißen, klaren, tadellosen Tag wie der heutige, wanderten die Kinder von Prêles des Morgens früh, mit Körben, Schüsseln und Tellern ausgerüstet, in die Brombeeren über dem Weinberg von Neuenstadt; etwas oberhalb des Steines Montégut; Sie wissen ja: wo sich die Straße links gegen den Chasseral abzweigt. Man sieht dort durch den Wald gerade in den See hinunter, ungefähr wie hier, nur daß der Wald viel mannigfacher und üppiger und steiler ist; das Wasser schimmert zwischen den Aesten wie durch tausend blaue Fensterchen herauf.

Mit dem Brombeerensuchen war es indessen nicht auf das Vergnügen der Kinder abgezielt, sondern auf die paar Batzen, welche man damit auf dem Markt von Neuenstadt erhandeln konnte, und wehe dem, der zu wenig heimbrachte! Sei es, daß er sich saumselig erwiesen, oder daß er vor Durst selber einen Teil der Ernte aufgepickt! Denn der Käse, den sie bei sich trugen, stillte den Durst nicht, und Wasser gibt es ja auf dem Jura weit und breit keines; das ist nicht wie in den Alpen, wo auf Schritt und Tritt die Staubbäche über die Felsen herunterknattern!

Bei den Weißdornhecken angelangt, stürzte die Schar gleich einem Rudel gieriger Jagdhunde vom Weg abwärts in die Tiefe und bald verkündete ein herausforderndes Jauchzen, daß die Arbeit begann.

Es war Platz und Ernte für alle im Ueberfluß vorhanden. Dennoch wurden wie auf Verabredung zwei unglückliche Geschöpfe unbarmherzig von den übrigen ausgestoßen, so daß sie weiter unten im Hochwalde die Brombeerstauden einzeln aufsuchen mußten, in den Lichtungen, wo etwa unlängst war Holz geschlagen worden. Oeffentliche Meinung! was wollen Sie! Sie herrscht gerade so grausam und ungerecht bei den Kindern wie bei uns andern!

Es waren ein Knabe, Ulysse Testaz, derselbe, der dort sitzt, nur damals natürlich um fünf Jahre jünger, und seine kleine Freundin Jeanne Menriot. Sie nahmen ihre Aechtung als etwas Gewöhnliches hin, wenn schon einige Tränen dabei flossen, und da sie nicht schwatzten, sondern vor Gewissenhaftigkeit und auch ein wenig in Anbetracht der elterlichen Strenge fleißig einheimsten, deckten sie trotz der Ungunst des Platzes mehr und mehr den Boden ihrer Schüsseln.

Plötzlich stieß Jeanne einen unterdrückten Ruf freudigen Schreckens aus und zeigte auf einen Sommervogel, der um das aufgespeicherte Holz in langsamen Zügen schwimmend leuchtend hin= und herflog.

Es war einer von der Art, die wir in Neuenburg nach seiner Havannafarbe „tabac d'Espagne" nennen, die Deutschen aber heißen ihn „Kaisermantel", wegen der reichen Zeichnung auf der Unterseite seiner Flügel, Figuren, welche, wenn man will, von ferne an Silber und allerlei Perlen und Geschmeide erinnern. Ungefähr wie jener, der dort unter der Geißblatthecke auf einer Skabiose schaukelt, nur viel größer. Er ist nichts weniger als selten und in der Nähe, mit nüchternen Augen besehen, nicht einmal von den schönsten; allein wenn man ihn mit Kinderaugen betrachtet —"

„Das heißt mit den Augen der Phantasie," unterbrach Adrienne Carteret.

„Entschuldigen Sie, Fräulein, ich sagte: „mit Kinderaugen". Denn nicht die Einbildungskraft allein, sondern auch der raschere Strom des Blutes durch die Augennerven malt die Farben in der Jugend schöner.

Kurz, die arme Jeanne sah Rubinen und Diamanten, wo wir dummverständigen Menschen nur einen matten Glanz erblicken, und ihr Gespiele, der überhaupt seiner Natur nach fortwährend in einer Märchenwelt lebte und es wahrscheinlich, nein, gewiß noch tut — denn man ändert seine Natur nicht — teilte ihren Glauben in erhöhtem Maße.

„Wenn wir den Sommervogel fingen," so blitzte es durch ihre Gedanken, „so würden wir mit einem Male reich, und wir brauchten nicht mehr Kartoffeln zu hacken, nicht mehr Holz im Walde zu stehlen, nicht mehr in die Schule zu gehen, und alle unsere Not hätte ein Ende."

Und nun begann ein wildes Jagen der vier nackten Beinchen durch Gestrüpp und Wald, über Felsen und Hecken, Ulysse mit der Kappe, Jeanne mit der Schürze nach dem benedeiten Glücksvogel schlagend.

Er war von der harmlosesten Denkungsart, wie das in abgelegenen Gegend vorkommt, und so oft sie auch fehltrafen, ließ er sich schließlich dennoch fangen, als ob er's absichtlich täte.

War es möglich? War es wirklich Wahrheit? Das Herz stockte ihnen vor Ueberfülle des Glückes, während sie ihn zwischen den Fingern drückten und seine überirdische Wunderpracht bestaunten.

Und nun überlegten sie hastig, wie sie ihren Reichtum am vorteilhaftesten verwerteten.

Vor allem wollten sie den Festtag durch einen gemeinschaftlichen Schmaus feiern, den Käse und das Brot vertilgend und die gesammelten Beeren als Nachspeise; jetzt brauchten sie ja nicht mehr zu sparen.

Dann sollte Ulysse, während Jeanne oben wartete, nach dem Städtchen hinunterlaufen, um die Diamanten beim Goldschmied gegen Ketten und Armspangen zu vertauschen; bares Geld würde er obendrein erhalten, so viel er begehrte, denn ein einziger Diamant, das hatte der Schullehrer gesagt, ist ja kostbarer als ein ganzer Tisch voll Gold und Silber, und hier hatten sie deren sechs und sieben, die Perlen nicht einmal gerechnet.

Und auf dem Heimwege solle er gleich die beiden Rappen des Falkenwirtes mit der Kutsche kaufen, damit sie nach Hause fahren könnten, wie es sich für reiche Leute geziemt. Wie die Nachbarn daheim die Augen aufsperren werden, wenn sie zweispännig ins Dorf zurückkehren! Und der Neid und Aerger ihrer Kameraden! Geschieht ihnen recht, warum waren sie immer so herzlos gegen sie! Beim „Weißen Rößli" im Dorf aber wollten sie anhalten und einkehren und Hochzeit machen.

Nur müsse Ulysse um Gotteswillen achtgeben, daß ihm niemand unterwegs den Schatz entwende; er solle lieber den Vogel in die Tasche stecken und immerfort fest die Hand darum klammern.

Und wie sie es beschlossen, so führte auch Ulysse getreulich aus.

Flugs wie eine Bombe strampelte er, keuchend vor Aufregung, bolzgerade den jähen Wald hinab, die Hand in der Tasche und den Schmetterling in der Faust, darauf durch den Weinberg, unaufhaltsam, außer, wenn er etwa der Länge nach auf den Boden stürzte oder beim allzu gewagten Uebersprung über ein Mäuerchen hinten überfiel; Schmerz verspürte er dabei keinen, und deswegen ließ er seinen Schatz nicht aus der Hand.

Wo er vorbeirannte, schimpften die Winzer, welche das Windengeflecht von den Reben lösten, daß es ein Grauen war, anzuhören. Er solle sich nur in acht nehmen! sie würden schon seinem Papa eine Rechnung schicken für die abgerissenen Schößlinge und die entwurzelten Stöcke.

Ein anderes Mal hätten diese Drohungen Schauder in ihm erweckt, denn mit Rechnungen spaßte sein Vater nicht; allein heute, da kamen solche Kleinigkeiten nicht in Betracht. Und mitten im atemlosen Lauf malte er sich die Szenen aus, wie sein Vater ihm zornig die

Rechnung vorhalten, er selber aber mit lächelnder Miene ein Goldstück nach dem andern nachlässig aus der Tasche kramen werde. Was für ein Gesicht wohl Papa dazu machen wird? Diesmal jedenfalls ein freundliches und zufriedenes.

Vor dem Goldschmiedladen in Neuenstadt angekommen, drehte er sich um, buchstäblich, damit er auf seine Vergangenheit zurückblicke und von ihr Abschied nehme; denn nach wenigen Sekunden brach ja für ihn ein ganz neues Leben an.

Merkwürdig, daß alles um ihn her gleich aussah wie immer; kein Mensch und kein Gegenstand schien das Ereignis zu ahnen; der Brunnen sprudelte sein Wasser wie alle Tage, und die Häuser, statt im paradiesischen Dufte zu schwimmen, hatten ihre harten, scharfen Grenzen.

Diese Gleichgültigkeit machte ihn einen Augenblick stutzen; er spürte nicht mehr ganz dieselbe Zuversicht wie droben im grünen Walde; doch der Verstand besiegte die Zweifel und neuerdings verlängerte er seinen Aufenthalt vor dem Laden, damit sein Glückwechsel durch den Verzug und die Spannung noch beseligender werde. Wie am Weihnachtsabend, wenn er die Schachtel mit Bleisoldaten erst wegstellte, um die Ueberraschung eine Minute hinauszuschieben.

Die Pension Rafaelli kam daher spaziert, mit rauschenden Kleidern, schnatternd und kichernd.

Zwei und zwei zogen sie an ihm vorüber, ein Paar majestätischer als das andere und alle ohne Ausnahme hatten Schuhe und Strümpfe an den Füßen; sie erschienen ihm wie ein Regiment von Prinzessinnen.

Nun, morgen wird er sich auch neue Kleider bestellen und Stiefel! Stiefel, die ihm bis über die Knie reichen sollten.

Zuhinterst tänzelte ein kleines Mädchen, sauber, zierlich und nett wie eine Puppe; sie mußte wohl ahnen, daß in dem armen Ulysse Testaz etwas Besonderes verborgen steckte, denn sie lächelte ihm überaus freundlich zu, ja wendete sich sogar nach ihm um, so daß die englische Lehrerin sie erzürnt zurechtwies.

Ein schlechter Gedanke streifte das Herz des Knaben. Nun er selber ein vornehmer Herr war, was hinderte ihn, eine solche feine sammtne Prinzessin zu heiraten? Doch ebenso schnell kämpfte er die Versuchung nieder. Jeanne wartete dort oben im Walde auf ihn und er hatte ihr die Hochzeit versprochen; wer aber sein Versprechen nicht hält, der ist ein verächtlicher Mensch; das wußte er vom Schullehrer.

Und weil er eben daran war, große Gefühle zu üben, gönnte er sich ein übriges. Dort der Landjäger, der vor dem Wirtshaus herumlungerte, der war sein Erzfeind. Er hatte ihn einst angezeigt, weil er im Neuenstädter Walde Holz gesammelt hatte, und die Bußen und Schläge kamen ihm in Erinnerung, so oft er ihn sah. Er tat doch nichts Böses; es war ihm ja vom Vater befohlen worden. Und warum ihn der Vater nachher schlug, konnte er auch nicht begreifen; denn hätte er es nicht getan, so würde er ihn erst recht geschlagen haben. Aber Prügel sind ja auch nicht zum Begreifen auf der Welt, sondern zum Leiden.

Dem Landjäger also wollte er eine neue Kleidung schenken statt der abgetragenen; so beschloß er und in diesem Gedanken schaute er seinem Feind so großmütig ins Gesicht, daß dieser beschämt vor ihm die Augen niederschlug, als wenn er selber und nicht der kleine Testaz Holz gestohlen hätte.

Aus dieser seligen Zerstreutheit riß ihn wieder die jähe Angst, die ihm auf dem Wege wohl schon hundertmal durch Mark und Bein geblitzt, er möchte am Ende den Schatz verloren haben. Nein, gottlob, er spürte ihn noch in der Tasche. Aber jetzt wäre es Sünde, länger zu zaudern und mit einem tiefen Atemzug drückte er auf die Klinke.

Als Ulysse nach wenigen Sekunden wieder aus dem Goldschmiedladen herausschlich, blickten seine Augen verstört. Offenbar hatte der Mann den Wert der Diamanten nicht begriffen; kein Wunder, so was kam ihm nicht alle Tage vor!

Aber der Uhrenfabrikant Petitpierre setzt Juwelen auf die Schalen; bei ihm kann es nicht fehlen.

Herr Petitpierre war beschäftigt und ließ über eine Stunde auf sich warten. Als er endlich erschien, packte er ohne weiteres den Jungen beim Ohr:

„Wenigstens wenn man ein armes Tier tötet," rief er in großer Entrüstung, „so tötet man es ganz und läßt es nicht halb zerquetscht elendiglich verzappeln! Wäre es wohl dir angenehm, wenn ich dir jetzt die Ohren ausrisse? Verdient hättest du's, mit deiner grausamen Tierquälerei!"

Richtig, der Sommervogel zuckte mit den Beinen; das hatte er gar nicht bemerkt, und auch nicht daran gedacht, daß solch' ein wunderbares, himmlisches Wesen Schmerz empfinden könnte.

Und nun schlich er reumütig an die nächste Mauer, setzte sich auf den Straßenstein und bestrebte sich, seiner Fehler gutzumachen.

Umsonst. Das Tier war nicht umzubringen. Es wollte absichtlich aus Bosheit nicht sterben, um ihm Verlegenheiten zu schaffen. Immer rollte sich der Saugrüssel auf und ab und zitterte irgend ein Beinchen; wenn eines zur Ruh' kam, fing ein anderes an.

Endlich, nachdem er eine Viertelstunde daran herumgequetscht, brachte er es fertig und sofort eilte er weg, um es beim Bankier Semper zu versuchen.

Der saß beim Mittagessen, im Schatten, hinter seinem Landhause; neben ihm seine Frau und weiter unten am Tisch seine sechs Kinder. Der Bankier empfing ihn lächelnd und blinzelte ihn schlau an:

"Ich table dich nicht," versetzte er, "es ist ein Vorwand zum Betteln, wie ein anderer, und nicht der dümmste. Aber offen gestanden, mein Freund, es wäre mir lieber gewesen, du hättest ehrlich und recht ein Almosen verlangt." Mit diesen Worten kramte er in der Tasche.

"Armer Junge" fügte Frau Semper mitleidig hinzu, "wie er aussieht! Ganz zerschunden an Gesicht und Händen! Du darfst das nicht vernachlässigen, du mußt dich zu uns. Julie! mein Kind! Laß' schnell noch ein Beefsteak rösten!"
dich dem Doktor zeigen. Aber komm' erst und iß! Setz'

Und schon war Julie mitleidig und dienstgefällig aufgesprungen, da schrie das Jüngste: "Mein Gott! Was für eine Abscheulichkeit! Das arme Tierchen lebt noch!"

Und richtig, da zuckte es von neuem mit den unsterblichen Beinchen, als ob es nie tot gewesen wäre. Ueber und über rot vor Scham, legte Ulysse rasch eine Hand auf den Vogel und floh mit ihm so schnell als möglich davon, das dampfende wohlriechende Essen stehen lassend.

"Wenn er nur sterben könnte," seufzte er vor sich hin. Damit meinte er den Vogel.

Und während er zum zweiten Male in einem Versteck seine ungeschickten Mordversuche vornahm, drückend, daß er eine Nuß hätte knacken können, quollen ihm die Tränen in die Augen, halb aus Mitleid, halb vor eigenem Elend. Denn schon ängstigte ihn der Verdacht, es möchte vielleicht mit seinem Schatze nicht so richtig sein, wie er geglaubt hatte.

Bah! So lange die Schullehrer nicht darüber geurteilt, brauchte er die Hoffnung nicht aufzugeben!

Aber "professeur" Renaud war in Ferien verreist, professeur Duroi bedeutete ihm, es wäre gescheiter, er würde zu Hause seine Buchstabenfibel wiederholen, als in der Welt herumzuschlenkern, und professeur Enfin, der gerade im Studium begriffen war, schaute ihn stumm an, als ob er ihn gar nicht verstände.

Und wie bei den professeurs, so erging es ihm bei den "régents" der Volksschule. Viele gute Lehren, hier freundlich, dort barsch vorgetragen, aber weder ein Spruch über den Wert seines Schatzes, noch eine Erklärung; von einem Angebot keine Rede.

Hoffnungen hegte Ulysse jetzt schon keine mehr, aber an die Stelle der Hoffnung sprang der leidenschaftliche Wille.

Es durfte gar nicht sein, daß er mit leeren Händen abzog. Unmöglich! Er hatte ja die Beeren aufgegessen und die Mittagsstunde versäumt, wo er hätte zu Hause sein müssen! Und dann die abgerissenen Rebschosse und umgeworfenen Weinstöcke! Und die Mütze hatte er auch verloren! Nein, um keinen Preis durfte er so heimkommen. Alles oder nichts! Schläge erwarteten ihn ohnehin, ob er jetzt oder des Abends zurückkehre; ein paar Dutzend mehr oder weniger, das geht in einem zu.

Und mit dem Eigensinn der Verzweiflung setzte er sich in den Kopf, Haus für Haus das Städtchen abzusuchen, bis er wenigstens eine mäßige Summe erhielte, und wären es schließlich nur hundert Francs. Das tat er denn auch, trotz Hunger und Durst und trotz dem übelsten Empfange, der ihm, je länger je mehr zuteil wurde. Niedergeschlagen wie ein Hund, der sich nach tagelangem Herumlaufen geduckten Kopfes zur Strafe einstellt, zog er die Klingeln, zum voraus entschlossen, jeden Schimpf geduldig zu ertragen.

Das dauerte bis gegen sechs Uhr abends, da ihn ein redseliges Dienstmädchen mit der Frage überraschte:

"Ein Sommervogel? Was für ein Sommervogel? Das ist ja ein Wurm!"

In der Tat war von den Flügeln nichts mehr übrig geblieben als zwei durchsichtige gläserne Fetzen.

Ulysse starrte die schmählichen Ueberbleibsel seines Reichtums an, als ob die Welt vor seinen Füßen versänke; dann floh er aus Leibeskräften den Berg hinan, diesmal auf einem Umweg, der gewundenen Landstraße nach, mit weit geöffneten Augen. Zuerst kam kein laut über seine Lippen, während seine müden Füße auf der harten, staubigen Straße in emsigem Takt pochten und klatschten.

Anders beim Schloß, als ihm ein Maurer, über die Kelle hinwegblickend, die Worte zurief:

„Er wird eine Freude haben, dein Papa, wenn er deine zerrissenen Hosen sieht!"

Da stimmte er ein dumpfes Stöhnen des Grausens an, das ihn hinfort nicht mehr verließ; es war ein schauerlicher Ton der fürchterlichsten Herzensangst, wie ihn etwa Verurteilte beim Anblick der Mordwerkzeuge ausstoßen mögen.

Und noch hastiger hämmerten und stampften seine Füße die Straße.

Beim Stein Montégut — es begann schon dunkel zu werden — kamen ihm zwei Schulbuben von Prêles entgegen, einen Karren ziehend, auf welchem ein Kalb gebunden war.

„Du kannst dich trösten, Ulysse," riefen sie ihm mit bedeutsamen, boshaften Blicken entgegen, „dein Vater wartet seit sechs Stunden auf dich!"

Jetzt verwandelte sich sein Stöhnen in ein lautes Jammergeheul.

Wenn er nur sterben könnte, dachte er.

Aber diesmal meinte er sich selber.

Unterdessen hatte Jeanne getreulich und vertrauensvoll auf ihrem Posten ausgeharrt. Es war schön im Walde, warm und kühl zugleich und still und voller Wohlgerüche. Wenn sie Hunger spürte, so pflückte sie eine Beere und die Pläne für die glanzvolle Zukunft ließen ihr die Zeit nicht lang werden. Darüber ward es immer stiller und schattiger im Holz; sie setzte sich aufs Moos und ehe sie sich dessen versah, war sie eingeschlummert und schlief bis zur Dämmerung, wo ein Uhuschrei sie weckte. Wohl war sie überrascht, daß Ulysse noch nicht zurückgekommen, allein darum zweifelte sie weder an seiner Treue, noch an seinem Erfolg. Geschäftig schüttelte sie die Ameisen aus den Schüsseln, packte das Geschirr sorgfältig zusammen, eines in das andere und alles in den Korb stellend, und kletterte damit zur Landstraße hinauf, Ulysse entgegen, aufmerksam lauschend, ob sie keinen Zweispänner rollen höre.

Endlich vernahm sie vom Stein Montégut her das schaurige Geheul und ohne nur einen Gedanken darüber zu verlieren, stimmte sie sofort in denselben Ton ein, „de confiance" wie wir in Neuenburg sagen, und patschte ihrerseits mit den bloßen Füßen schleunigst der Heimat zu.

Eine Viertelstunde lang blieb sie im Vorsprung; darauf wurde sie von Ulysse eingeholt. Sie wechselten kein Wort, sondern weinten nur gemeinschaftlich in verstärktem Maße. Beiläufig schüttelte Jeanne ihrem Gespielen ein paar Dutzend Beeren, die sich zufällig noch vorfanden, in sein eigenes Geschirr über, ohne daß sie recht wußte, warum. Allmählich aber konnte sie nicht mehr Schritt halten und eines nach dem andern, in einem langen Zwischenraum liefen sie in finsterer Nacht beim „Weißen Rößli" vorbei, wo sie hatten Hochzeit halten wollen — —."

* * *

Hiermit verstummte Dr. Sandoz, und als er aufblickte, bemerkte er, daß die ganze Gesellschaft die Augen auf Ulysse geheftet hielt.

Eine alte Dame brach das Schweigen mit einem Wortspiel:

„Man kann immerhin sagen, es ist eine rührende Odyssee, welche der arme Ulysse erlebt hat!"

„Wenn wir heute Nachmittag nach Prêles gingen? von Douanes hinauf?" schlug eine männliche Stimme vor.

„Gehen wir nach Prêles!" erscholl es im Chor.

Und als ob dieser Entschluß schon aus der Ferne auf die Bewegungsnerven gewirkt hätte, erhob sich die Gesellschaft.

Nur Fräulein Carteret und Dr. Sandoz blieben sitzen.

„Glauben Sie aber wirklich, Herr Sandoz," begann die schöne Adrienne mit eigentümlicher Betonung, „daß wir Erwachsenen nicht ebenfalls einige Hoffnungen hegen, deren Vereitelung uns auf den Tod betrüben würde?"

Der Doktor schaute sie traurig an: „Ich glaube es nicht nur, daß das der Fall ist, mein Fräulein, sondern ich weiß es."

Und da ihr eben jetzt zufällig das Taschentuch auf den Boden glitt, kniete er einige Sekunden länger als nötig gewesen wäre, um es aufzuheben.

Der Salutist.

Polternd schmetterten die Kieselsteine in dichtem Hagel an die Fensterläden des Hauses in welchem die Salutisten sich versammelt hatten.

Umsonst versuchte der Pfarrer die wütende Menge zu besänftigen.

Der einzige Polizeidiener des Städtchens saß im Wirtshaus „Zum goldenen Adler", ins Kartenspiel vertieft und sich weislich hütend, seine herausfordernde Figur der Menge zu zeigen.

Neben der Salutistenherberge aber, im Schloßgarten, stand die Herrin mit ihren zwei bildschönen Töchtern am Straßengitter, schreckensbleich, doch gefaßt, kraft ihrer Anwesenheit verhütend, daß der Zorn sich seitwärts nach dem Eigentum des beneideten Aristokraten verirre.

Unter den Leitern des Angriffes befand sich ein blutjunger Uhrenmacher, Pierre Grosjean mit Namen, welcher, die Pfeife im Mundwinkel, die Mütze auf dem Hinterkopfe, seelenvergnügt den Krawall mit kurzen Zurufen anfeuerte, die Hände nachlässig in den Hosentaschen behaltend. Die meiste Zeit bemühte er sich nicht selber mit dem Zerstörungswerk; nur dann, wenn es dem Pfarrer nach unsäglicher Mühe gelungen war, auf einer Seite den Steinregen zum Aufhören zu bringen, suchte er im Pflaster, wählte einen Kiesel von der Größe eines Kindskopfes, drehte ihn eine Weile schmeichelnd in der Hohlhand und jagte ihn schließlich mit solcher Gewalt an den nächsten Laden, daß die Fensterscheiben dahinter klirrend auseinander prasselten.

Ein Mädchen zwängte sich lachend durch die Meuterer und schmiegte sich stolz an ihn heran; das war Jeanne=Marie, sein Schatz.

Gemeinsam genossen sie den zunehmenden Spektakel mit leuchtenden Augen. Es war ein Festtag wie ein anderer; es diente ihnen für eine Keilerei am Oster=montag in einer Tanzschenke.

Endlich wichen die Läden aus den Riegeln, gleich=zeitig an mehreren Orten, so daß durch die unbewehrten Scheiben jetzt die Geschosse tief in das Innere drangen, Spiegel und Stühle und allerlei Kleinkram zer=trümmernd.

Ein ohrenbetäubendes Siegesgeschrei begrüßte diesen ersten Erfolg und im Nu wurde beschlossen, die Haus=türe zu zwingen.

Schon stürmte der Schlosser mit seinen Gesellen die Vortreppe hinan, da tat sich unversehens die Türe von selbst auf und in geordnetem Zuge erschienen paarweise die Salutisten, plärrend und betend.

Verblüfft stutzten die Aufrührer und der tobende Lärm verwandelte sich plötzlich in lautlose Stille.

In der Richtung, nach welcher die Salutisten abzogen, wich der Volksknäuel in unfreiwilliger Ehrerbietung zurück, einen weiten Raum gewährend.

Allmählich fielen aber einige halblaute Spottworte, so oft einer von den heimischen Heilsleuten hervortrat; auch verengte sich der Raum um die Abziehenden mehr und mehr durch das feige Drängen der Hinterstehenden. Mit der Zeit wurden die Hohnreden dreister und zahlreicher; an den Straßenecken trennte man einzelne der Salutisten von der Gesamtreihe und mißhandelte sie; die frisch Nachkommenden wurden jetzt eine Weile durch Beschimpfungen und Drohungen geschreckt, ehe man sie den übrigen nachfolgen ließ.

In diesem Augenblick zeigte sich die junge Hauptmännin in ihrer goldgestickten Uniform. Steif wie ein Ellenstab kam sie hervor, mit strenger Puritanermiene, einen verächtlichen Engländerblick auf die heißblütigen, leidenschaftlich aufgeregten Romanen niederschickend.

Ihre stumme Herausforderung wurde mit einem unartikulierten Wutgebrüll und einer Flut von persönlichen Schmähungen erwidert, welche alles enthielten, was ein Weib zu beleidigen und zu empören vermag. Und als nun die blonde Hauptmännin mit zusammengekniffenen Lippen trotzig den Kopf zurückwarf, bewaffneten sich Dutzende von Händen.

Noch war ihr keine tätliche Unbill widerfahren.

Da zischelte Jeanne-Marie ihrem Liebhaber etwas ins Ohr, indem sie zugleich mit weiblichem Neidesblick nach der weißen, blauäugigen Engländerin hinübersah. Grosjean bückte sich, versteckte die Hand hinter seiner grünen Bluse, und während die Hauptmännin sich anschickte, die erste Treppenstufe zu betreten, schnellte er verstohlen den Stein ab, ohne zu zielen, mehr aus dem Bedürfnis, seinen Haß anzudeuten, als in der Absicht, sie zu treffen.

In derselben Sekunde schreckte die Hauptmännin vor dem Haufen, der ihr auf der Treppe entgegenwogte, zurück und der Stein streifte den Kopf, ehe er im Innern des Hauses auf den Flur niederschlug.

Sie wankte, kehrte sich dann rasch nach der Richtung um, aus welcher das Geschoß geflogen gekommen, schaute ihren Gegner, der sich durch seine Bestürzung verriet, mit ihren kalten, wasserblauen Augen fest an und erhob segnend ihre Arme:

"Herr, verzeihe ihnen, denn sie wissen nicht, was sie tun," rief sie ihm in französischer Sprache zu, klar und laut, wenn schon mit fremdländischer Betonung. Hernach wandte sie sich seitwärts, ohne des Blutes zu achten, welches aus ihrer Wunde sickerte, und stieg zuversichtlich die Treppe hinab.

Das Volk aber, durch den Anblick des Blutes entsetzt und ernüchtert, gab ihr schweigend Raum, so daß sie ohne weitere Fährlichkeit den Bahnhof erreichte.

* * *

Pierre Grosjean flüchtete wie betrunken aus dem Getümmel die Bergstraße hinan, seine Braut von sich stoßend und die Fragen seiner Kameraden überhörend.

Er war schon weit über die Burgruine hinausgelangt, aber der starre Blick, die regelmäßigen Züge und der stolze Segen seiner Feindin scheuchten ihn noch immer vorwärts. Der grelle Widerschein der Sonne auf dem weißen Kalkboden verblendete seine Augen und der Schweiß trat ihm auf die Stirne, kalt und peinlich.

Hoch oben vor dem dunklen Buchenwalde, welcher das Gebirge krönt, meinte er Ruhe zu empfinden. Er stand stille und schaute sich mit einem seufzenden Atemzuge um.

Eine schwarze, scharf abgeschnittene Wolkenschicht zog langsam am Himmel heran.

In der Tiefe der Wolkenwand, da wo sie am dunkelsten war, spielten ohne das mindeste Geräusch blitzende Lichter.

Ein fröstelnder Schauer überfiel ihn; plötzlich wandte er sich talwärts und lief im tollen Laufe wieder bergab dem Städtchen zu.

Da schwebte von unten her im gleißenden Sonnenschein ein glänzendes, grünlich schimmerndes Meteor kugelförmig über der Landstraße, hart über dem Boden.

Gleichmäßig flog die Kugel heran. Sie drehte sich, wälzte sich und entlud Feuerfunken. Vor ihr wirbelte der Staub in die Lüfte.

Grosjean, anstatt ihr auszuweichen, stierte ihr wie gebannt entgegen. Ein Zittern überfiel ihn und er klapperte mit den Zähnen.

Jetzt erreichte ihn das Ungetüm, unglaublich, doch unleugbar.

Ein Zischen betäubte sein Ohr; in beiden Knieen verspürte er einen Schlag bis in die innersten Nerven der Knochen; ein ameisenartiges, wumselndes Gefühl kribbelte durch seinen Körper.

Dann war alles vorbei, und als er den Kopf umwandte, schwebte die Kugel hinter ihm dem Walde zu, wo sie mit knatterndem Schlage platzte, wie eine Granate.

Lange Zeit rührte er sich nicht vom Fleck, bis unter anhaltendem Donnerrollen ein Gewitterregen ihn durchnäßte.

Jetzt taumelte er heim und legte sich laut flennend zu Bett, wie ein Kind, das sein Spielzeug verloren hat.

Eine Woche lang blieb er liegen, ohne daß er beschädigt gewesen wäre. Uebrigens klagte er nicht über Schmerz, aß und trank tapfer und sprach vernünftig. Aber stehen konnte er nicht und so oft sich eine etwas dunklere Wolke am Himmel zeigte, begann er kläglich zu weinen.

Am achten Tage sann und lächelte er viel vor sich hin und nickte allen Reden beifällig zu, mit einem glückseligen, verklärten Ausdruck der Augen und des Gesichtes.

Während der folgenden Nacht kramte er seine Ersparnisse an Geld und Gülten zugleich mit seinen besten Kleidungsstücken zusammen, packte alles in einen Bündel und, nachdem er erst seiner Jeanne-Marie einen langen, wohlstilisierten Abschiedsbrief hinterlassen, entwich er.

Mit Tagesanbruch erreichte er die Stadt, wo er sich nach dem Quartier der Salutisten-Hauptmännin erkundigte. Im Gasthof wartete er geduldig vier Stunden lang, bis er vorgelassen wurde.

Sobald er die Hauptmännin erblickte, fiel er vor ihr auf die Knie, küßte ihr die Hand und meldete ihr, er wäre von Gott erleuchtet worden, hinfort seine Kraft und sein Leben der Heilsarmee zu widmen, unter der einzigen Bedingung, daß sie ihn ihrer Verzeihung versichere.

Die Hauptmännin musterte eine Weile den Knieenden und sein Bündel, dann verlangte sie vor allem das Opfer seiner äußerlichen irdischen Habe, notierte auch, nachdem sie das Bündel geöffnet, sorgfältig jeden Gegenstand in ihr Taschenbuch. Zuletzt hieß sie ihn, sich des Abends in der Gebetversammlung einzufinden, wo sie ihn der Gemeinde als Zeichen der unerforschlichen Wege Gottes vorstellen und zur Aufnahme empfehlen werde.

Statt sich zu entfernen, zauderte Grosjean und errötete.

Die Hauptmännin aber, nach einem befremdeten Blick in sein Gesicht, errötete ebenfalls, obschon oberflächlicher, klingelte dann und schickte nach ihrem Vater, dem Major.

Bald erschien ein korrekter, würdiger Herr, in tadelloser Krawatte, mit welchem sie einige Konsonanten wechselte; in seiner Anwesenheit gewährte sie dem neuen Bruder aus besonderer Gnade feierlich den Versöhnungskuß zum Zeichen ihrer rückhaltlosen Verzeihung.

* * *

Nachdem der Präsident der Geschworenen den Angeklagten Pierre Grosjean gefragt, ob er sich der Ermordung der Fräulein Betty Smith, Hauptmännin der Heilsarmee, schuldig bekenne, und dieser das bejaht hatte, erteilte er dem Angeklagten das Wort und dieser begann:

„Herr Präsident, meine Herren Geschworenen! Ich hatte sie geliebt — nein, „geliebt" ist nicht das Wort, denn sie war für mich eine Heilige. Wenn sie mich tadelte, wenn sie mich strenge anblickte, so war ich ein Verdammter; wenn sie mir ein anerkennendes Wort gönnte, so triumphierte ich und verlangte auf den gefährlichsten Posten gestellt zu werden, um meinen Dank abzustatten. Den Tod für sie suchte ich wie ein Glaubenszeuge, und Torheiten ihretwegen scheute ich nicht. Ich war lächerlich, aber ich lachte über meine Lächerlichkeit. Was war mir neben ihrem Urteil die Meinung der Welt? Wie viel ich für sie getan und gelitten — bah! das sind Kleinigkeiten! Sprechen wir nicht davon! Meine Herren, ich bin ein einfacher Uhrmacher und mit den Künsten des gewählten Stils nicht vertraut; ich vermag meine Tat nicht mit beredten Worten zu entschuldigen; Ihr Billigkeitsgefühl wird für mich reden; was mich betrifft, so vermag ich bloß zu sagen, was wahr ist. Meine Herren, es gab eine Zeit, da war ich ein unbescholtener Arbeiter, nicht besser und nicht schlechter als ein anderer, aber meine Auftraggeber behaupteten, mit mir zufrieden zu sein, und die Gebrüder Sandoz und Comp. verabreichten mir für meine Zifferblätter stets den höchsten Preis. Ich war reich, ich war frei, ich konnte heiraten; denn nichts hinderte mich daran; und Jeanne-Marie liebte mich. Da kam sie, die Hauptmännin, quer über meinen Weg. Wer hieß sie kommen? Ich rief sie nicht. Lange Zeit, meinte ich, der liebe Gott habe sie mir gesendet; später glaubte ich, der andere, der im untern Stock der Welt. Wer weiß? Vielleicht war es weder der eine noch der andere. Aber seit jenem Tage, da sie mich zwang, sie zu verwunden, hatte sie mich in ihrer Gewalt. Ich könnte es Ihnen erzählen, allein wozu? Sie verurteilen mich ja doch, ich sehe es Ihnen an. Kurz, meine Braut — ich kann es ihr nicht übel nehmen, nachdem ich sie verlassen — heiratete einen andern, den sie glücklich machte. Ich gönne es ihm: aber es tat mir doch weh, ich kann es Ihnen heilig versichern. Versuchen Sie's einmal, meine Herren Geschworenen, nachher können Sie mir davon erzählen. Was meine Mutter betrifft — Gott habe sie selig — meine Mutter, nun, das brauche ich Ihnen nicht zu sagen, das haben sie gewiß schon selber erfahren —, Mütter sterben ja immer vor Kummer, wenn einer einen Fuß breit außerhalb der ausgetretenen Gleise wandelt. Meine Kameraden, die Tröpfe, grüßten mich nicht mehr und meine Heimats= gemeinde behandelte mich als einen Lump. Ich be= haupte nicht, es wäre mir gleichgültig gewesen, aber ich habe es mit Stolz und mit Lust geduldet, ihr zuliebe. Dummkopf! Geschieht dir Recht! Wie konntest du dir einbilden, daß sie dich je lieben könne. Lieben! Ja wenn ich eine Banknote gewesen wäre mit dem Bilde Jesu Christi und der Unterschrift des Barons Roth= schild! Ich sage nichts mehr. Und wenn ich mir etwas vorzuwerfen habe, wenn mich etwas reut, so ist es höch= stens das, daß ich in meiner Verblendung dem Aktien= geschäft der Bekehrung als Agent diente, und auch ein wenig als Polichinell. Was den Mord betrifft, ich be= haupte nicht, daß es mich freut, ihn begangen zu haben: es ist eine häßliche Sache um einen Mord, aber im Grunde, weiß man denn in jedem Augenblick, was man tut? Ich bin von Jugend auf ein Hitzkopf gewesen, und wenn man dem Stier ein rotes Tuch vor den Augen schwenkt, so entzündet sich sein Auge. Sie hätte halt ihren Liebhaber nicht vor meinen Augen küssen sollen! Ich hatte sie oft genug gewarnt. „Betty", sagte ich ihr, „trau' mir nicht! Ich kenne mich; einen andern darfst du mir nicht vorziehen." War es mein Fehler, daß sie mir nicht glaubte? Und so ist es denn gekommen. Das ist es ungefähr, meine Herren Geschworenen, was ich ihnen zu sagen hatte."

Die Geschworenen waren zufällig gebildete, gefühlvolle und billig denkende Männer; und da sie ein besonderes Mitleid mit dem armen, betörten Uhrmacher empfanden, erklärten sie ihn einstimmig für schuldig in allen Punkten, ohne mildernde Umstände, um die Unabhängigkeit ihres Urteils von ihrer Rührung zu beweisen.

Das Märchen von den vier Jahreszeiten.

Arnold, der Bäckerbub, ging am Silvesterabend die Neujahrswecken vertragen.

Als er vor dem Städtchen an die Pintenwirtschaft kam, in seiner weißen Bluse und vornübergebeugt wegen der schweren Hurde, die ihm bis an die Kniekehlen reichte, ritten ihm auf vier Maultieren vier fremde feine Knaben entgegen und fragten ihn, ob er vielleicht der Bäcker Noldi wäre.

Und als er geantwortet hatte, er sei allerdings der Bäcker Noldi, sprangen sie flink aus dem Sattel, steckten den Ellenbogen durch die Zügel und gaben ihm jeder einen Kuß, so daß sie ganz weiße Mehlgesichter bekamen.

Nachdem sie ihn alle geküßt hatten, fragten sie ihn, ob er vielleicht ein Viertelstündchen Zeit habe, mit ihnen zu reden.

„Jetzt in diesem Augenblick nicht," gab er zur Antwort, „aber wenn ich meine Wecken vertragen habe."

Da sagten sie ihm, sie wollten hier auf ihn warten bis Mitternacht, aber nicht länger; er solle sich nirgends versäumen mit seinen Wecken. Hierauf banden sie die

Maultiere an den Gartenzaun und kehrten in der Wirtschaft ein.

Der Noldi bemerkte aber wohl, daß jeder zwei Flügel unter dem Mantel verborgen hatte, die leuchteten wie Goldfische im himmelblauen Wasser. Er sagte jedoch niemand ein Wort davon, sondern vertrug schnell seine Wecken, damit er vor Mitternacht wieder zurück sei.

Als er mit der leeren Hurde wieder vor die Pintenwirtschaft kam, fing es an zu schneien. Die Knaben aber warteten draußen auf ihn und hatten die Maultiere an den Zügeln.

„Gut, daß du kommst," rief der vorderste, „wir wohnen nämlich weit von hier und sind vier Landschaftsmaler, alles Brüder, und sind wegen eines Streites gekommen. Höre jetzt zu und frage nichts, sonst reiten wir gleich wieder davon. Wir wollen dir jeder ein neues liniertes Heft schenken; dafür mußt du in jedes Heft, vorn auf die erste Seite, einen freiwilligen Aufsatz schreiben, einen über den Winter, einen über den Frühling, einen über den Sommer und einen über den Herbst. Der Aufsatz braucht nicht lang zu sein, etwa zehn oder zwanzig Zeilen, und für jeden hast du drei Monate Zeit. Aber du mußt schön auf die Linie schreiben und beim „r" das Ringlein deutlich machen, daß man es auch von einem „v" unterscheiden kann, und nach jedem Punkt machst du einen großen Buchstaben. Und jedesmal wenn du einen Aufsatz fertig hast, so lege ihn, bevor du zu Bett gehst auf einen Schemel vor die Haustür; wir wollen ihn dann schon abholen."

Nach diesen Worten schenkte ihm jeder ein Heft mit einem Umschlag und wollte ihm alles noch einmal er-

klären. Aber da in diesem Augenblick die Glocken an=
fingen, das Neujahr anzuläuten, sprangen sie alle mit=
einander auf die Maultiere und galoppierten davon so
schnell als sie konnten.

Es schneite schon so stark, daß der Rolbi die Hefte
nicht ansehen konnte, sonst wären sie ganz naß
geworden. Und zu Hause hatte er kein Licht, so daß er
sie unter das Kopfkissen legte und die ganze Nacht
wartete, bis es Tag wurde.

Am Morgen schlich er ans Fenster und guckte ver=
stohlen hinter den Umschlag. Da waren prächtige Bilder
auf dem Deckel gemalt, auf dem einen ein Bär, auf dem
andern ein Hase, auf dem dritten ein Schmetterling,
auf dem vierten ein Fuchs. Jetzt fiel ihm ein, daß er
sich ja gar nicht einmal bedankt hatte. Dafür fing er
gleich mit dem ersten Aufsatz an und schrieb:

„Der Winter.

Der Winter ist sehr schön." Dieser Satz war ihm so
schnell eingefallen, daß er selber ganz erstaunt darüber
war, und da es jetzt Tag geworden war und er sehen
konnte, wie hoch es geschneit hatte, dachte er, für heute
sei es genug und ging auf den Schulplatz, wo der Ruedi
und der Schaggi auf ihn warteten.

Am andern Morgen schrieb er weiter: „Man kann
da Schneeballen werfen und schlitteln und glitschen und
Schneemänner machen."

Dann rührte er zwei Wochen das Heft nicht mehr an,
weil er drei Monate Zeit hatte. Am Anfang der dritten
Woche setzte er hinzu:

„Wir haben sehr viele Aufgaben. Ich muß oft bis um zehn Uhr daran arbeiten; und dann jagt mich der Vater mit dem Stock ins Bett. Ich liebe nicht das Rechnen und die Geometrie." Und in der vierten Woche: „Auch Schlittschuhlaufen kann man im Winter; aber meine Schlittschuhe sind zerbrochen."

Erst im Februar schrieb er wieder etwas: „Ich kann nicht mehr schreiben, ich muß schnell in die Apotheke laufen, denn meine Mutter hat das Fieber. Ich lege also das Heft auf einen Schemel vor die Haustür."

Am andern Morgen, als er wieder in die Apotheke lief, war die erste Seite aus dem Heft herausgeschnitten und neben dem Heft lagen ein Paar neue Schlittschuhe auf dem Schemel, die waren mit einer schönen Schnur zusammengebunden.

In das zweite Heft schrieb er:

„Der Frühling.

Der Frühling ist sehr schön. Da kann man die Leute in den April sprengen und Ostereier verstecken und Pfeifen am Bache schneiden und allerlei Ausflüge machen. — Seit vier Wochen regnet es und heute hat es wieder angefangen zu regnen. — Nächsten Dienstag haben wir Examen. Ich fürchte mich sehr. — Es ist nicht so gut gegangen am Examen. Der Vater ist böse geworden, denn er ist sehr streng. Aber dafür brauche ich nicht mehr in die Schule zu gehen. — Am 18. Mai ist mein Geburtstag; aber weil meine Mutter gestorben ist, bekomme ich diesmal nichts. — Seit dem letzten Male hat es wieder vier Wochen lang geregnet und heute fängt es an zu schneien. Aber man kann doch nicht Schlittschuh laufen, denn es ist schmutzig auf den Straßen und ganz naß. Ich muß aufhören, weil ich keinen Platz mehr habe. Ich bin sehr traurig, weil es immer regnet."

Das Heft legte er vor die Haustüre auf einen Schemel und einen Regenschirm aufgespannt darüber. Als er am nächsten Morgen nachsah, war die vorderste Seite ausgeschnitten und daneben lag ein Paar weiß und rot gestreifte Badehosen, die konnte man zubinden, wie man wollte, enger oder weiter.

In das dritte Heft schrieb er:

"Der Sommer.

Ich muß dieses Mal mit einem Bleistift schreiben, denn der Vater sagt, die Tinte sei zu teuer. Der Vater ist sehr streng. Aber nächstes Jahr bekomme ich eine neue Mutter. — Der Sommer ist sehr schön. Da kann man baden und Kirschen essen und im Walde Eichhörnchen fangen. Aber ich muß immer zu Hause bleiben und dem Vater helfen. — Es ist sehr heiß. — Nächsten Monat komme ich zu einem Maler in die Lehre, weil er gemerkt hat, daß ich so gern male, und der Vater sagt, ich sei nicht gut für die Bäckerei. Er heißt Battista Tintorelli und ist aus dem Tessin. — Das Marianneli geht am nächsten Montag nach Colombier in die Pension. Es ist schade, denn ich hatte es sehr gerne; aber es sagt, es wolle mir schreiben. — Es ist sehr heiß, darum kann ich nicht mehr schreiben."

Das Heft legte er auf einen Schemel vor die Haustüre. Am nächsten Morgen war die erste Seite herausgeschnitten und daneben stand ein Käfig mit einem Eichhörnchen.

In das vierte Heft schrieb er:

„Der Herbst.

Der Herbst ist sehr schön. Da werden die Tage kürzer und die Nächte länger und gestern hat man schon angefangen zu heizen. — Ich male immer den ganzen Tag und heute darf ich sogar mit dem Meister den Gartenhag bei dem Herrn Nationalrat Sprecher anmalen. Er ist sehr reich, aber doch freundlich. Es ist eine Papierfabrik. Erst muß man das Gitter rot anstreichen und erst wenn es ganz getrocknet ist, grün. — Jetzt ist das Marianneli schon zwei Monate in der Pension und hat mir noch nie geschrieben. Ich habe ihm schon zweimal geschrieben. — Der Herbst gefällt mir am besten, weil es so schön ist, wenn man meint, es sei den ganzen Tag Nebel und um halb elf geht dann plötzlich der Nebel auseinander, so daß man den Garten sieht und ein wenig Himmel. Den Himmel muß man mit Königsblau malen, aber den Garten mit Braun und Terra cotta und ein wenig Karmoisin. — Ich habe dieses Jahr ganz vergessen, Aepfel und Birnen zu essen. Aber gemalt habe ich zwei, ohne daß der Meister es sah, denn er liebt nicht, wenn ich etwas anderes male als höchstens Ornamente, weil ich kein Talent habe. Es ist schade, daß ich kein Talent habe, denn ich würde gern Tiere und Figuren malen. Aber das ist sehr schwer. — Es gefällt mir sehr gut bei meinem Meister; er ist nicht so streng wie mein Vater. — Ich würde noch vieles schreiben, denn ich bin sehr zufrieden. Aber es ist kein Platz mehr, so daß ich quer über die Linien schreiben muß, weil ich nicht weiß, ob ich auf die zweite Seite schreiben darf.

„Anmerkung: Ich habe eine Traube zu malen versucht mit einer Wespe darauf. Ich lege es in das Heft."

Das Heft legte er vor die Tür auf einen Schemel. Am andern Morgen war die erste Seite losgetrennt und das Bild aus dem Heft genommen. Neben dem Heft aber stand eine braune irdene Fruchtschale, mit Rebblättern belegt und über den Rebblättern eine Pyramide von Birnen, Pfirsichen und weißen und blauen Trauben; und die Fruchtschale war mit Lucken durchbrochen, wie ein Gitterfenster.

* * *

Am nächsten Silvesterabend ging der Noldi schon um acht Uhr vor das Städtchen zu der Pintenwirtschaft, um zu warten, ob die vier Knaben noch einmal kämen, denn er wollte ihnen für die schönen Geschenke danken.

Weil es aber zu schneien anfing und er nichts als eine dünne graue Malerbluse anhatte, mußte er in die Hände hauchen und mit den Füßen stampfen.

Als die Glocken das Neujahr anzuläuten anfingen und er schon wieder heimgehen wollte, weil er meinte, es käme nichts mehr, galoppierte ein Maultier heran und auf dem Maultier saß einer der vier Knaben, der vierte, mit einem goldenen Reif in den Haaren.

„Ich habe mich leider etwas verspätet," rief er von weitem, dann sprang er ab, streifte die Zügel in den Ellbogen, verschnaufte ein wenig und küßte dann den Nolbi viermal, so daß er ein ganz buntes, geschecktes Farbengesicht bekam. Hierauf sagte er:

„Paß jetzt gut auf, Nolbi, und rede nur, wenn ich dich frage, damit ich nicht wieder umkehre. Meine Brüder lassen dich vielmal grüßen und dir danken für die schönen Aufsätze. Es hat sie sehr gefreut und sie wären gerne selber gekommen, wenn sie Zeit gehabt hätten. Aber weil du mir den Preis erteilt hast, will ich dir jetzt auch einen Wunsch erlauben."

Der Nolbi sah verlegen auf den Boden und stupfte mit der Schuhspitze einen Stein.

„Ich wüßte schon einen Wunsch," munkelte er zaubernd, ohne aufzusehen; „aber ich fürchte, ich müsse mich schämen, denn er ist ein wenig unbescheiden."

Der Knabe lächelte und blinzelte mit den Augen:

„Sag's nur herzhaft, Nolbi, ich bin reich."

Da stieß Nolbi einen tiefen Seufzer aus und flüsterte:

„Eine Farbenschachtel mit Vorlagen."

Kaum hatte er das gesagt, so zog der Knabe eine große Lade unter dem Mantel hervor und schenkte sie ihm. Dann sprach er:

„Aber dafür mußt du mir jetzt auch auf das Maultier helfen; denn es ist ein wenig zu hoch für mich."

Der Nolbi streifte den Arm zwischen die Zügel und half dem Knaben, welcher so leicht war wie ein Mädchen, in die Steigbügel.

Weil ihm aber beim Aufsteigen der linke Flügelzipfel unter dem Mantel hervorschaute, zupfte der Nolbi

heimlich eine Schwungfeder aus dem Flügel zum An=
denken. Aber der Knabe merkte es, drehte sich um und
rief:

"Willst du mir die Feder gleich wieder in den
Flügel stecken?"

Da schämte sich der Noldi und steckte die Feder wieder
in den Flügel; aber in der Geschwindigkeit verkehrt.
"Gut, daß du mir die Feder wieder eingesteckt hast,"
sprach der Knabe, "sonst wäre ja das Maultier auf der
linken Seite lahm geworden."

Nachdem er das gesprochen hatte, beugte er sich vom
Sattel und gab dem Noldi schnell noch einen Kuß; dann
galoppierte er, so schnell er konnte, davon. Aber das
Maultier setzte beim Galoppieren den linken Hinterfuß
vor den vordern, so daß der Knabe im Sattel wackelte.
Da drehte er sich schnell um, schüttelte den Zeigefinger
und rief:

"Ei, du ungeschickter Noldi, warum hast du mir die
Feder verkehrt eingesteckt?" Hierauf schlug er das rechte
Bein über den Sattel, daß er saß wie ein Frauen=
zimmer, klemmte den linken Flügelzipfel zwischen die
Knie und steckte die Feder gerade. Und so wie er die
Feder gerade gesteckt hatte, galoppierte das Maultier
wieder richtig.

* * *

Als der Noldi nach Hause kam und die Lade aus=
packte, waren gar keine Farben in der Schachtel und die
Vorlagen sahen aus wie gewöhnliches weißes Papier.
Nur ein leises Säuseln hörte er, wie wenn ein Zwerg
für sein jüngstes Kind eine Spieldose darin versteckt

hätte. Und als er das Ohr näher hielt, hörte er eine feine Stimme flüstern:

„Gib acht, daß du diese Schachtel mit den Vorlagen nie verlierst oder verdirbst."

Da packte der Noldi alles sorgfältig wieder zusammen und versteckte es zu unterst in das Känsterlein, unter das Reißbrett, damit es niemand fände. Hierauf legte er sich zu Bett und löschte das Licht.

Kaum hatte er aber das Licht gelöscht, so fingen die Finger der rechten Hand, mit welchen er die Feder aus dem Flügel gezupft hatte, an zu schimmern, und vom Zeigefinger stiegen glitzernde Sternchen in die Luft, eines nach dem andern, ohne aufzuhören. Das dünkte ihn so schön, daß er ganz lustig und glücklich wurde und vor Freuden die ganze Nacht von dem feinen, schönen, fremden Knaben träumte, bis man ihn um Mittag weckte.

Und von da an stiegen, so oft es dunkel wurde, immer die Sternlein von seinem rechten Zeigefinger; aber niemand anders als er konnte es sehen. Auch setzte er sich häufig, wenn er allein war, vor die Farben= schachteln mit den Vorlagen und hörte dem Gesäusel zu; aber sehen konnte er niemals etwas darin.

So geschah es sechs Jahre.

Aber im siebenten Jahre, am 22. September, gerade an dem Tage, als das Marianneli mit dem Staatsan= walt Hochzeit machte, wurde der Noldi so traurig, daß er am liebsten hätte sterben mögen.

Weil er aber nicht sterben konnte, legte er sich zu Bett, um zu schlafen. Weil er aber nicht schlafen konnte, wurde er nur immer trauriger bis um Mitternacht.

Um Mitternacht aber wurde es plötzlich so hell im Zimmer, als ob die Mittagssonne hereingeschienen hätte; und als er sich verwundert im Bett aufrichtete, entdeckte er, daß das Licht aus dem Känsterlein kam, in welchem er die Farbenschachtel verborgen hatte. So schnell er konnte, kleidete er sich an, zog die Schachtel vorsichtig hervor und öffnete sie.

Kaum hatte er sie aber geöffnet, so funkelte es alles von den allerprächtigsten, reinsten, glühendsten Farben, daß er meinte, er wäre im Himmel; und die Vorlagen waren nicht mehr weißes Papier, sondern wunderbare Zauberbilder, die in jedem Augenblick wechselten, daß ihm vor Bewunderung fast der Atem verging.

Von da an vergingen die Farben und die Bilder nie mehr, sondern wurden nur immer schöner, und da der Noldi jetzt die Schachtel immer in seiner Rocktasche versteckt bei sich trug, konnte er gar nie mehr recht traurig werden.

Er war aber auch immer sehr fleißig und gewissenhaft, so daß er ein berühmter Maler wurde.

Wenn ihn jedoch jemand fragte, woher es komme, daß er jetzt ein so berühmter Maler wäre, nachdem er doch nur der Bäcker-Noldi gewesen sei, so lächelte er, zwinkerte mit den Augen und antwortete, man müsse nur einfach am Silvesterabend vor das Städtchen zur Pintenwirtschaft gehen und warten, bis die vier Knaben kommen und einen küssen und einem Aufsätze und Geschenke geben, und immer fleißig und gewissenhaft sein, so sei das gar nicht so schwer, es komme ganz von selber.

Das Märchen vom singenden Hauptmann.

Es war einmal ein Hauptmann namens Siegfried; der war reich und groß, und jeden Morgen, wenn er das Fenster öffnete, sang er vor Vergnügen, daß er so reich und groß war, mit lauter Stimme über das Feld.

Als daher die schöne Königstochter des Landes ausrufen ließ, daß sie denjenigen unter allen ihren Freiern heiraten werde, welcher am schönsten singe, und zu diesem Zwecke ein dreitägiges Fest ausschrieb, bestellte der Hauptmann sein Haus, nahm Abschied von seinen Leuten und machte sich auf den Weg nach der Hauptstadt.

Es befand sich aber unter seinen Leuten ein Stallknecht namens Schnarch, der war häßlich und verwachsen, besaß jedoch eine brüllende Stimme, mit welcher er am Abend das Vieh von den entlegensten Weiden herbeilockte, und um seine Stimme noch zu verstärken, stellte er sich auf eine Tonne und blies mit den Backen durch ein Kuhhorn.

Dieser, als er seinen Herrn zum Feste ziehen sah, steckte sein Kuhhorn in die Tasche, rollte seine Tonne vor sich her und folgte heimlich dem Hauptmann von ferne, indem er sich hinter der Tonne versteckte.

Am dritten Morgen begegnete der Hauptmann in einem Hohlwege einem schönen, silbergepanzerten Jüngling mit einer blauen Standarte, der auf einem weißen Zelter saß und seitwärts sich vornüber neigend an dem Riemen des Steigbügels nestelte. Die Standarte hatte er in die Kronen zweier Eichbäume geschoben, welche den Hohlweg überdachten, so daß die blauen Wimpel, im Winde wehend, die Aussicht versperrten und ab und zu den Reiter wie mit einem blauen Mantel umhüllten.

Der Hauptmann grüßte höflich den Jüngling, fragte ihn, wie er heiße und ob er ebenfalls nach der Hauptstadt zum Feste reise.

Der Jüngling aber runzelte die Stirn und gab ihm, ohne seine Arbeit zu unterbrechen, zur Antwort, er heiße Eigenstolz und reise nicht nach der Hauptstadt zum Feste, sondern gehe seine eigenen Wege, wohin es ihm beliebe. Hierauf setzte er sich im Sattel zurecht, zog die Standarte aus den Zweigen, und jubelte dazu ein Lied, so hell und klar und rein, als ob ein Regiment Engel aus der Paradiesespforte mit fliegenden Fahnen zum Himmel ritte.

Das gefiel dem Hauptman dermaßen, daß er mit der einen Hand das Knie des Jünglings erfaßte und mit der andern dem Pferde in die Zügel fiel, indem er ihn beschwor, nicht eher von dannen zu reiten, als bis er ihn dieses Lied gelehrt habe.

Da nannte ihn Eigenstolz zornig einen Toren, drohte ihm, er werde ihn ins Unglück bringen, wenn er ihn nicht augenblicklich frei gebe, und stieß ihm endlich, als er auf seine Ermahnungen nicht hörte, den Knauf der Standarte auf die Hand, indem er das Haupt trotzig zurückwarf.

Hierbei fiel ihm aber der Helm in den Nacken, unter welchem jetzt ein mächtiger Schwall goldblonder Locken auf den Sattel hinunterflutete, so daß der Hauptmann inne ward, daß Eigenstolz kein Jüngling, sondern eine Jungfrau war. Zugleich verwickelte sich die Standarte in dem Geäst der Eichbäume.

Nun versprach ihm die Jungfrau errötend, bei ihm zu bleiben, bis sie ihn das Lied gelehrt habe, falls er nämlich ihren Warnungen zum Trotz noch immer darauf bestehe.

Und nachdem auf ihren Ruf ein zweites Pferd erschienen war, auf welches der Hauptmann sich setzte, ritten sie gebückten Hauptes unter dem Hohlweg durch.

Jenseits richteten sie sich auf, faßten gemeinsam die Standarte, deren Wimpel hoch über ihnen in den Lüften flatterte und ritten Seite an Seite durch die glitzernden Kornfelder, jubelnd und jauchzend vor Glück und Wonne.

* * *

Auf dem Hügel über dem Festplatz angekommen, wo der Wettkampf stattfinden sollte, sprach Eigenstolz zu dem Hauptmann:

„Ich sehe hier viele Hunderte von Zinkenisten und Hornisten, und viele Tausende von Paukern und Schellieren, doch keinen andern Hauptmann. Also werden sie dir ehrerbietig den Platz räumen und die schöne Königstochter wird dir mit ihren Jungfrauen in weißen Kleidern entgegenziehen und dich als ihren Gemahl auf den Thron erheben. Wer aber ist der Ungeschlachte, der dort hinten mit dem Kuhhorn prahlt auf einer Tonne?"

Und als ihr Hauptmann geantwortet hatte, daß das einer seiner Stallknechte wäre, sagte sie:

„Den also wird man auf eine Ochsenhaut spannen und mit Stieren vor die Stadt schleifen und allda im Sumpf ersäufen, wo der Sumpf am sumpfigsten ist."

Darauf entließ sie ihn, befahl ihm aber, am dritten Tage nach dem Feste in den Hohlweg zu reiten, damit er ihr erzähle, wie er die schöne Königstochter gewonnen habe.

Wie sie aber am dritten Tage nach dem Feste zum Hohlwege kam, um seine Ankunft zu erwarten, saß der Hauptmann neben seinem Pferde auf einem Baumstamm und stützte den Kopf in die Hände.

Nachdem sie ihn begrüßt und aufgefordert hatte, ihr die Ursache seiner Traurigkeit mitzuteilen, erzählte er, daß die Musikmeister des Landes zwar ihn selber von dem Wettkampfe ausgeschlossen, weil er der einfachsten Regeln der Gesangskunst entbehre, dagegen seinem Stallknechte den Preis zuerkannt, welcher demgemäß die schöne Königstochter erhalten und den Thron bestiegen habe. Noch am nämlichen Tage aber habe der neue König Schnarch ein strenges Gesetz erlassen, daß jedermann sich vor seiner Tonne verneigen und ein Kuhhorn auf sein Banner malen lasse, und da er sich dessen geweigert, hätten ihn Höflinge von Haus und Hof vertrieben.

„Also haben sie wieder einmal den Stallknecht auf den Thron erhoben, den Edlen aber unter das Gesinde gestoßen," sprach Eigenstolz. „Allein, was gedenkst du nun zu beginnen?"

Und als er geantwortet hatte, er wolle an ihrer Seite bleiben, wohin sie ihn führe, erwiderte sie:

"Wohl, so wirst du dir dein Herzeleid mit Gram versüßen."

Hierauf ritten sie miteinander durch die Dörfer des Landes und sangen vor den Türen der Wirtshäuser, damit sie ihr Leben fristeten.

* * *

Einige Jahre nachher, als König Schnarch des Abends von der Jagd zurückkehrte, fragte ihn die Königin:

"Wer ist der adelige Hauptmann, der stolz zu Pferde durch die Dörfer reitet an der Seite eines Jünglings?"

Da erließ der König ein Gesetz, daß der Adel des Landes auf Maultieren reiten solle und daß jeder, der sich eines Pferdes bediene, seines Standes und Ranges verlustig werde.

Wieder einige Jahre nachher, als König Schnarch des Abends aus dem Bade heimkehrte, fragte ihn die Königin:

"Wer ist der prächtige Gefreite in Gold und Glanz, der aufrecht sitzt auf keinem Maultier an der Seite eines Jünglings?"

Da befahl der König, daß jedermann im ganzen Lande ein filziges Wams trage und einen schiefen Buckel krümmen solle.

Und wenn nun der Hauptmann durch die Dörfer ritt, so empörte sich das Volk über ihn und schrie:

"Warum reitest du auf keinem Maultier, warum sitzest du aufrecht? Warum trägst du kein filziges Wams? Warum krümmst du keinen schiefen Buckel?

Und indem sie also schrieen, trieben sie ihn mit Spott und Schande von ihren Türen.

Aber zu unterst im Dorfe sprachen die Kinder der Häuslerin zu den Kindern der Höklerin:

„O weh, der arme Hauptmann, der nicht einmal einen Buckel vermag und nicht anders als aufrecht sitzen kann! Siehe, seine Stimme ist schön. Auf, laßt uns unser Brot mit ihm teilen, damit er etwas singe."

Und sie nahmen ihn in ihre Kammer und gaben ihm von ihrem Brote und setzten sich auf seine Knie und er sang ihnen das Lied, das er von Eigenstolz gelernt hatte.

Eines Tages, als sie durch eine Mühlenschlucht ritten, begab es sich, daß der Müller ihnen nacheilte, sich dem Hauptmann als seinen ehemaligen Küchenjungen zu erkennen gab und ihn fragte, wie es ihm gehe, und wie und wo er sich befinde.

Er weinte, als er das Schicksal seines früheren Herrn erfuhr, und nahm ihn in sein Haus und schenkte ihm Arbeit unter seinen Knechten. Das Pferd aber stellte er in den Stall, pflegte es sorgsam und fuhr jeden Dienstag und Freitag mit ihm auf den Markt nach der Hauptstadt.

Und der Hauptmann blieb drei Jahre bei dem guten Müller und der Müller war zufrieden mit seiner Arbeit und lobte ihn und kündigte ihm an, wenn der zweite Oberknecht dereinst sterbe, solle er an seine Stelle befördert werden zur Belohnung seiner treuen Dienste.

Eigenstolz aber turnierte vom Morgen bis zum Abend auf dem Hügel über der Mühlenschlucht, so daß ihn der Hauptmann während der Arbeit sehen konnte.

Im vierten Jahre aber, als der Müller eines Freitagmorgens zur Hauptstadt auf den Markt fuhr, übergab er dem Hauptmann eine Schüssel voll Erbsen und Linsen, die er bis zu seiner Rückkehr auseinanderlesen sollte.

Schon hatte er seine Arbeit beinahe vollendet, als aus dem Grunde der Schüssel eine gemalte Krone hervorschimmerte mit seinem Namenszug und seinem heimatlichen Wappen, woran er merkte, daß die Schüssel aus seinem angestammten Erbteile herkam. Und wie er nun diese Zeichen betrachtete, fielen ihm zwei Tränen aus den Augen, so daß er die Linsen nicht mehr von den Erbsen zu unterscheiden vermochte, sondern eines mit dem andern verwechselte.

In diesem Augenblicke stand der Müller, welcher inzwischen von der Stadt zurückgekehrt war, heimlich hinter ihm, und als er sah, wie er die Linsen mit den Erbsen verwechselte und überdies beides mit seinen Tränen verunreinigte, schlug er den Hauptmann im Zorne.

Der Hauptmann aber stieg auf den Hügel über der Schlucht und blickte in das schäumende Wasser.

Da schlang ihm Eigenstolz den Arm über den Nacken und fragte ihn, was er dort unten betrachte.

„Ich betrachte, ob das Ufer die Wirbel noch halte oder ob die Brandung den Damm sprenge," antwortete er und erzählte ihr, was sich zwischen ihm und dem Müller zugetragen.

Jetzt erinnerte ihn Eigenstolz daran, wie sie ihn gewarnt und ihm sein Unglück vorausgesagt, und gab ihm den Rat, von ihr zu lassen, einen schiefen Buckel zu krümmen und ein Kuhhorn in sein Wappen zu malen, damit er vor den Leuten angesehen sei, wie er es nach seinen reichen und großen Gaben verdiene.

Und da er den Kopf schüttelte und unverwandt in das tobende Wasser hinunterblickte, bedeckte sie ihm die Augen mit ihren Händen und fragte ihn, ob er nicht beten könne.

Da begann der Hauptmann zu zittern, eine lange, lange Zeit. Endlich flüsterte er:

„Aus tiefstem Herzensgrunde danke ich dir, daß du mir das eine erspart hast, am Hofe des Königs Schnarch mein Brot zu essen.

Hernach stieg er fröhlich wieder den Hügel herab und blieb bei dem guten Müller in Diensten, bis dieser eines Tages starb und die Mühle einem Lohmüller vererbte. Hierauf zog der Hauptmann wieder mit seinem Begleiter durch die Dörfer.

* * *

Und es geschah nach vierzig Jahren, da wurde König Schnarch alt und krank und geriet ins Sterben.

Als er aber auf dem Sterbebette lag, berief er die Großen und Vornehmen seines Reiches um sein Lager und redete zu ihnen also:

„Siehe, die Stunde ist nahe, da ich von Euch scheide, daher will ich noch zuvor einiges mit Euch reden. O, Ihr feigen Schranzen, die Ihr einem edlen Mann sein Anrecht stahlet, den gewissenlosen Schleicher aber hebt Ihr auf den Thron und nennt um seinetwillen das Gerade krumm, das Weiße schwarz und das Vernünftige töricht! Auf denn! Begebt Euch eilends in den Hof und zeigt dem Volke Eure Blöße, damit es Euch verhöhne."

Da begaben sie sich eilends in den Hof und zeigten dem Volk ihre Blöße und das Volk verhöhnte sie und warf sie mit Steinen.

Hierauf berief er die Musikmeister des Landes und sprach zu ihnen also:

„O, Ihr niederträchtigen Heuchler, die Ihr allezeit Musik im Munde führt und schlagt dem Volk den Takt mit Euren Linealen! Doch, wenn gesungen wird, schenkt Ihr den Preis den Brüllern auf der Tonne aus dem Kuhhorn, des Hauptmanns Stimme aber schließt Ihr aus vom Wettkampf! Auf! Eilt schleunigst in den Hof, damit Euch meine Schranzen peitschen."

Da eilten die Musikmeister schleunig in den Hof und die Schranzen bemächtigten sich ihrer und peitschten sie. Das Volk aber, als es bemerkte, wie die Musikmeister von den Schranzen gepeitscht wurden, ergrimmte in seinem Herzen, so daß es seine Hand wider die Musik= meister erhob.

Hierauf berief der König die Königin an sein Lager und redete zu ihr also:

„O, du benedeite Base, die du dich königlicher Ab= kunft rühmst und buhlst mit einem garstigen Stallknecht vierzig Jahre! Und spiest ihm nicht ins Angesicht, und sprachest nicht zum Kutscher: Geh! und nimm ein Bündel Stroh und bett' ihn in den Dünger! Und hast den Hauptmann doch mit eigenen Augen zweimal an= geschaut, und nicht zu ihm gesprochen: Auf! ergreife dein Schwert und stoß es in den Wanst des Unflats. Drum ziehe hurtig deine Schuhe aus und hole aus dem Schrein das Zepter und die Krone und nimm ein Licht und wandere von Dorf zu Dorf, bis daß du endlich findest Siegfried, meinen hohen Herrn und edlen Hauptmann."

Da zog sie hurtig ihre Schuhe aus und holte das Zepter und die Krone aus dem Schrein und wanderte von Dorf zu Dorf, um den Hauptmann zu suchen.

Hierauf berief der König seinen Hofnarren an sein Lager und flüsterte zu ihm:

"Komm, bring' mir meine königliche Flöte, damit ich ein lustiges Stücklein pfeife. Wenn ich aber gestorben bin, so bringe die Flöte heimlich dem Hauptmann und lehre ihn das lustige Stücklein, damit er von seinen Leiden gesunde und mir mein Unrecht verzeihe."

Da brachte der Hofnarr dem König die königliche Flöte, und nachdem der König ein lustiges Stücklein gepfiffen hatte, entschlief er ruhig und in Frieden.

Um diese Zeit ritt der Hauptmann über eine kleine Hochebene, ein leises Lied vor sich hin summend, an der Seite seiner Freundin.

Da sah er ein großes Volk mit Pauken und Trompeten die Hochebene heraufpilgern, welches mit gewaltigem Geschrei seine Stimme lobte.

An der Spitze des Volkes aber kam die Königin mit einem Lichte und zeigte ihm das Zepter und die Krone und bot ihm ihre Hand an und hieß ihn den Thron besteigen, damit er dem Volke vorsinge.

Der Hauptmann aber sprach:

"Hochedle Königin! Solange meine Stimme stark und schön und meine Seele jung war, gefiel's Euch besser, daß man blase durch ein Kuhhorn. Nun, da ich alt und müde bin und meine Stimme brüchig, begehrt Ihr, daß ich singe. Wohlan! Schreibt hurtig auf ein Blatt das Instrument, den Takt, die Tonart und die Melodie, die Euch zurzeit gefällig. Kein Zweifel, daß Ihr jemand findet von den Knechten aus dem Marstall, der 's Euch vorspielt."

Nachdem er diese Worte gesprochen hatte, gab er Eigenstolz ein Zeichen und ritt mit ihr nach dem Walde.

Wie er in den Wald einzog, brach der Hofnarr aus einem Gebüsch, verrenkte seine Glieder, verspottete die Königin mit schimpflichen Gebärden, wies ihm die königliche Flöte und wollte ihm das lustige Stücklein lehren, das allen Kummer heile.

Da sprach der Hauptmann zu dem Hofnarren: „Hab ich vor Zeiten nicht geblasen durch ein Kuh=horn, so will ich heute auch nicht pfeifen auf der Flöte."

Hierauf verschwand er mit seiner Freundin in den Hochwald.

Bald darauf starb der Hauptmann, Eigenstolz aber küßte ihn in seinem Sterben auf die Lippen.

Darauf band sie den Leichnam auf sein Pferd und begrub ihn zwischen Nacht und Morgen in dem Felde neben dem Hohlweg. Das Grab bestreute sie mit Blättern, so daß niemand die Stelle finden konnte.

Nachdem sie das alles vollendet und das verwaiste Pferd mit einem Handschlage aufs Kreuz in die weite Welt gejagt hatte, zuckte sie ihr Schwert, schwenkte es grüßend vor der Brust und ritt also ehrerbietig dreimal um das Grab.

Hernach hob sie die Standarte hoch über ihr Haupt, daß die blauen Wimpel im Winde flatterten und sprengte im fliegenden Laufe jauchzend von dannen.

Friedli der Kolderi.

„Mit solchen Knechten, wenn es bald vier Uhr am heiter-hellen Tag ist und die Sonne schon hinter den Bergen und man doch heuen sollt', und faulenzen einem auf dem Spreuersack herum, als wären sie das vornehmste Herrenpack, soll der Teufel fuhrwerken!" schimpfte Matthys der Senn, während er mit der Faust an die Tür der Gesindekammer polterte.

Drinnen ächzten die Betten und stöhnte verdrossenes Gähnen, zwischen Munkeln und Maulen.

„Es hat einem ja nicht können träumen, daß Heuwetter kommt. Den ganzen Sonntag hat es ja gestern heruntergeschüttet wie nicht gescheidt und noch um zehn Uhr nachts ist der Oberluft gegangen."

Und eine dröhnende Stimme rief herausfordernd:

„Es wäre halt auch besser, wenn der Meister am Sonntag selber zu Hause bliebe, anstatt unten im Dorf bis Mitternacht in den Wirtshäusern herumzuhocken. So ist es keine Kunst vor den andern auf zu sein, wenn man am Montag früh noch die Sonntagshosen von gestern Abend an den Beinen hat."

Ein unterdrücktes Kichern folgte diesen Worten.

Der Senn, welcher sich bereits getrollt hatte, schnellte zurück, beugte den Kopf gegen das Schlüsselloch und schrie:

"Ich habe nicht nötig, Friedli, mir von meinen Knechten vorschreiben zu lassen, was ich am Sonntag tun oder nicht tun darf. Wenn's etwa einem bei mir nicht gut genug ist, so ist ja die Welt groß; ich halte niemand mit Gewalt."

"Davor wäre mir jedenfalls nicht bange!" grölte es trotzig zurück, "ich habe noch alle Zeit meine Arbeit recht getan und es müßte übel zugehen, wenn man nicht einen manierlicheren Meister im Lande fände."

"So kannst du dir gleich einen suchen."

"Mir auch recht. Lieber heute als morgen."

Vom äußersten Ende des Ganges mahnte zischelnd eine Mädchenstimme:

"Vater! Du weißt ja, daß der Friedli ein Kolderi ist; man darf es mit ihm nicht so genau nehmen, was er sagt. Und die Arbeit macht er ja sonst auch recht."

"Willst du wohl auf der Stelle heim, ins Bett, Mareili? Im Hemd und bloßen Füßen!"

Da schloß sich hurtig die Tür und der Senn klapperte in seinen Holzschuhen die Treppe hinab, in den Hausflur, das Tor aufzurammeln.

Einer um den andern erschienen die Knechte in dem kalten schmutziggrauen Dämmerdunkel des Ganges, taumelnd und schnaufend vor Schlaftrunkenheit. Und so oft einer zum Vorschein kam, tat sich am Gangende die Tür ein wenig auf und gleich darauf wieder zu.

Inwendig in der Kammer aber rumorte und spektakelte der Friedli, unter Verwünschungen und Flüchen. Unversehens schoß er hervor, unwirsch, wie ein Eber aus einem Haselbusch, mit Rock und Hut, eine Tasche über die Achseln gehängt und einen Knebelstecken in der Hand.

„Friedli", wispelte es dringend vom Ende des Ganges aus der Türspalte, „Friedli! ich bin's! Mach doch keine Schneckentänze und sei vernünftig! Du weißt ja, der Vater meint es nicht so wie er sagt."

Der Friedli, statt der Antwort, schmiß die Tür ins Schloß, und stampfte grimmigen Trittes die knarrenden Stufen hinab, mit den Schultern Rechen und Becken von den Bolzen streifend, daß es vor ihm her kesselte und wetterte.

Vor dem Hause umringten ihn die Knechte, staunend und kopfschüttelnd.

„Ja was, Friedli? Du wirst doch etwa nicht!"

„Was werde ich nicht? Meint Ihr vielleicht, es brauche mir's einer zweimal zu sagen, wenn ich gehen soll?"

Hierauf drückte er sich ohne weiteres der Mauer entlang um das Haus, schwerfällig, doch entschlossen.

Die Meisterin trippelte ihm keuchend nach, holte ihn jenseits der Ecke ein, zupfte ihn am Rock und riß ihn am Arm.

„Friedli", raunte sie ihm zu, „mach doch nicht immer den Kolderi! Es ist ja alles nur der Zorn und die Täubi, weil der Matthys gestern im Kartenspiel verloren hat. Am Nachmittag ist er wieder wie ein umgekehrter Handschuh."

6*

Der Friedli tat einen Ruck und strich stumm und störrisch weiter.

„Mein Gott," zeterte sie ihm nach, „so trink doch wenigstens zuerst noch ein Tassli Kaffee! so stark wird es deswegen nicht pressieren. Und der Lohn? hast du denn auch den Lohn?"

„Ich brauche keinen Lohn; ich bin schon bezahlt."

Ueber den Zaun des Pferchs, welcher den Hof umfriedete, klomm er leicht, ohne sich mit den Knöcheln zu stützen.

Jenseits raffte er zwei handgroße Steine vom Boden, schleuderte den einen an das Hundehäuschen, daß der Spitz heulend vor Entsetzen an rasselnder Kette sich in den hintersten Winkel verkroch, den andern wirbelte er in gewaltigem Bogen hoch über das Hausdach in die Krone des Lindenbaumes, wo er sausend durch den Wipfel an den Stamm schlug und mit faulem Fall, von Ast zu Ast prallend, in den Rasen plumpste, gefolgt von raschelnden Blättern und einem Regen von schweren Tautropfen.

Hernach stieg er langsam berghinan, gegen die Paßhöhe.

Weidende Herden bimmelten und schellten zu beiden Seiten des Pfades. Neugierig nahten die Kühe, pflanzten sich steif vor ihn hin, wie Holzfiguren, und glotzten ihn unverwandt an. Mit vorgehaltener Hand lockte er die vorderste, kraute ihr in den Stirnlocken, kniff sie in die Wampen und nannte sie kosend beim Namen.

Dem Stier, welcher ihn zwischen Zorn und Furcht anstarrte, schritt er behutsam im Zickzack entgegen, begütigte ihn mit der Stimme, reizte ihn jedoch gleichzeitig, indem er mit geschwindem Griffe ein Horn um das andere packte und wieder frei gab. Mit Wohlgefallen betrachtete er, wie die Augen immer röter unterliefen, wie das Tier bald mit dem Schweif, bald mit dem Hinterhuf, bald mit dem Haupt unruhig schlug, wie es mit der Zunge links und rechts den Rücken leckte und mit kurzem, hochtönenden Gebrüll den Schaum aus dem Maule warf.

Aber als jetzt der Stier mit dumpfem Murren den Kopf senkte, versetzte er ihm mit einem lustigen Jauchzer einen festen Fußtritt in die Weichen, daß er verdutzt um eine Körperlänge zurücksprang.

Hierauf stieg er stetig bergan, gleichmäßigen langsamen Schrittes, Windung um Windung, den Pfad abschneidend, an der Quelle und dem Vergißmeinnichtsumpfe vorbei, durch das nasse Gras, über Tümpel und Weiden nach dem Kreuz und vom Kreuz steil den Stutz hinauf, ohne Atem zu schöpfen, im selben Schritt, bis auf die Paßhöhe.

Oben auf der Höhe schwenkte er seitwärts nach dem Bödeli und steuerte nach einer Erdmulde, welche mit einem Kranze von gelben Enzianen wie mit brennenden Kerzen umleuchtet war.

Am Rande der Mulde stand eine einsame riesige Wettertanne, als Paßzeichen von der Gemeinde geschont.

Dort warf er Hut, Stecken und Tasche von sich, unter das dunkelgrüne Geäst und ließ sich gleichgültig auf die weiche Matte fallen, das Gesicht talwärts gekehrt, so daß er gerade nach dem Matthysenhof unten in der Tiefe sehen konnte.

Und wo er lag, blieb er liegen, das Kinn in die hohle Faust gestützt, mit der andern Hand Gras abstrupfend und mit den Zähnen zerkauend.

* * *

Hinter ihm rauschte es im Grase von schlurpenden Schritten, und Steine rollten in die Mulde.

„Was ist, Friedli?" fragte gedämpft eine Stimme, „hat dir der Matthys aufgekündigt?"

Friedli antwortete nicht, schaute sich auch nicht um, sondern rupfte das Gras büschelweise ab.

Der andere kam näher und fuhr fort:

„Mir meiner auch. Auf nächsten Samstag. ‚‚‚‚Ue—Ue—Ueli‘‘‘‘, hat er zu mir gesagt, ‚‚‚‚Ue—Ue—Ueli, meine Geduld ist a—a—aus,‘‘‘‘ hat er gesagt, der Hansjörg."

Beide stießen ein gezwungenes Gelächter aus, dann stierten sie selbander ins Tal, Friedli liegend und Ueli stehend.

Unten im Matthysenhof, aus dem Sennhaus, klein wie eine Schachtel und gelb wie eine Schindel, krochen winzige Zwerge mit Sensen, Gabeln und Rechen hervor. Die zogen wie Ameisen am Stall vorbei, beim Brunnen vorüber, den Bühl hinab ins Tobel, versanken bei den Weiden, tauchten jenseits am Brücklein wieder auf und klitterten, immer kleiner, immer kleiner, rechts über der Alp, dem Rain entlang zur Matte vor dem Wald. Dort legten sie die Joppen unter einen Kirschbaum, banden sich Rastücher um die Stirn, rote und blaue, wie ein Strauß von Mohn- und Kornblumen, rückten zum

Viereck dicht aneinander und drehten sich langsam nach allen Seiten um.

„Jetzt jauchzen sie," erklärte der Friedli sachgemäß, „aber es ist viel zu weit, man kann davon nichts hören."

Das Viereck löste sich auf und dehnte sich in zwei lange Reihen, die im gleichmäßigen Takt sich bückten und wieder aufrichteten.

„Es ist schön mähen heute," urteilte Ueli mit Respekt. „Aber ein wenig spät sind sie; um halb fünf, wenn die Sonne schon über dem Holderbachfelsen ist."

Der Friedli drehte sich heftig um und schrie ihn an: „Was? zu spät? noch lange nicht zu spät, deswegen! Man muß nur rechtschaffen werken und nicht den Faulhund spielen wie du. Wenn ich dabei wäre, die Handvoll Gras wollte ich ihnen in zwei Stunden am Boden haben. — Was machen die Hansjörgen heute für Arbeit?"

„Sie sind niederwärts, ins Tal, der Stadt zu; auf den Markt; Lebware verkaufen. Aber jetzt sag' doch selber, ob sie nicht zu spät sind. Was ist denn das dort, das über den Wald kommt, denk' wohl, die Sonne? jedenfalls kein Kerzenstock."

Eine rauchende Lichtwolke streifte über die Wipfel. Diesseits vom Wald, herwärts der Mähder, zwischen Alp und Tobel, fiel ein hellgelber, scharfbegrenzter Fleck in die saftige Weid, wuchs nach allen Seiten, stieg, immerfort sich ausdehnend, den Berg hinan, vereinigte sich mit einem zweiten kleinen Fleck, verdoppelte sich, lief plötzlich nach unten und oben bis zum Bach und zu den Felsen und eilte dann groß und ruhig, in breiter

Fläche, fliegend und schwimmend dem Walde entgegen. Ein Blitz zuckte von einer Sense, dann noch einer, und einen Augenblick später standen die Arbeiter im hellen Sonnenschein.

„Was sagst du jetzt dazu, Friedli? Ich will auch lieber hier oben den Kühen zusehen, wie sie malmen, als dort unten in der Sonnenhitze werken."

Der Friedli murrte ärgerlich und sah weg.

Von dem Matthysenhof brodelte ein feines blaues Rauchwölkchen in die Luft und beim Brunnen vorbei wackelte ein Kinderwagen in Winkelzügen lavierend, nach dem Tobel. Das Wäglein hielt von Zeit zu Zeit still und ein Mädchen machte sich an der Decke zu schaffen; dann kutschierte es ein wenig weiter, um bald wieder von neuem zu stocken. Als das Fuhrwerk über das Brücklein gekommen war, sprang ihm vom Walde her ein weißer Spitz entgegen, hüpfte erst an dem Mädchen, dann an den Rädern empor, umkreiste einige Male den Wagenkorb und schritt dann feierlich voran, immerfort mit aufwärts gekrümmtem Schweife wedelnd und sich dann und wann umsehend, den Rain hinauf. Die Mäher empfingen den Wagen, breiteten ein weißes Tuch in den Schatten des Kirschbaumes und legten etwas aus dem Wagen darauf. Der Spitz streckte sich daneben in die Sonne, das Mädchen kletterte auf den Kirschbaum.

„Hast schon Kaffee getrunken?" fragte der Ueli.

„Ich habe keinen Hunger."

„Aber ich. Und was für einen! Bleibst liegen, bis ich zurückkomme oder geht es gleich weiter?"

„Frage nicht, so wirst du nicht angelogen."

Ueli entfernte sich und kam nach einer Stunde wieder zurück.

"Bist noch da, Friedli? Gelt, es reut dich? Ich begreif's; du hast es sonst nicht zum Schlechtesten gehabt beim Matthys."

"Von Reuen ist nicht die Rede."

"Meinst, ich merke es nicht? Gelt, du wartest auf jemand? Ich kann mir ungefähr vorstellen, auf wen. Ist es etwa die dort drüben am Wald mit dem gelben Strohhut und einem Maieli darauf? — Ja, wegen deines Fortgehens, was dann mich betrifft, so habe ich's soeben mit dem Hansjörg anders ausgemacht; ich bleibe noch ein wenig. — Halt, siehst du dort den Habicht auf dem Weidenbaum hocken, unten am Bach, im Tobel?"

Der Friedli schielte böse nach dem Sprechenden, richtete sich auf und entgegnete bestimmt:

"Das ist kein Habicht, das ist ein Hühnervogel."

"Was ist's?"

"Ein Hühnervogel ist's."

"Ein Hühnervogel? das? Sein Lebtag hockt kein Hühnervogel zu oberst auf einem Weidenbaum."

Der Vogel flog ab und beide Männer reckten die Köpfe.

Er strich, ohne sich zu beeilen, in Haushöhe über die Matten in der Richtung nach dem Walde bergan, rötlich anzusehen, wenn ihn ein Lichtstrahl traf, im Schatten aber braun oder grau; den Mähdern wich er aus, strolchte dem Waldsaum entlang eine Weile abwärts nach dem Bache, zuweilen durch die Gebüsche gleitend, erhob sich in der Bachsohle plötzlich in die

Luft und eilte mit Windesschnelle über die Baumwipfel, der Ebene zu.

„Was ist's jetzt? ein Hühnervogel oder ein Habicht?" fragte der Friedli feindlich.

„Es ist wie ich gesagt habe, ein Habicht ist's."

Der Friedli, der hinter dem Ueli stand, knickte unversehens zu Boden, haschte seinen Knebelstecken, verbarg ihn hinter dem Rücken und schnellte wieder empor.

Der Vogel, welcher hinter dem Walde versunken war, stieg als winziger Punkt wieder auf, kam wieder zurück, schoß plötzlich den gegenüberliegenden Bachfelsen zu und verlor sich, in Manneshöhe längs den Steinen schwebend, zwischen den Flühen.

Da ließ der Friedlich den Stecken unvermerkt ins Gras gleiten und urteilte.

„Du hast recht, Ueli, es ist doch ein Habicht."

„Das kommt davon," versetzte der Ueli, „wenn man einem blindwütig wie ein Stier alles abstreiten will. Mich wundert es nicht im geringsten, daß du mit dem Matthys Streit angefangen hast; mit dir kann ja der friedfertigste Mensch nicht auskommen. Jetzt muß ich aber allgemach die War' in den Stall treiben: die Fliegen setzen ihnen böse zu, bei der Hitze."

Hiermit entfernte er sich zum zweiten Male.

Der Friedli wartete, bis jener hinter dem Hansjörgengupf herumbog, dann kramte er einen halben Laib Brot aus der Tasche, säbelte mit dem dicken schartigen Sackmesser ein gewaltiges Stück los, steckte es auf der Messerspitze ganz in den Mund und kaute umständlich. Als er damit fertig war, stach er die Klinge bis ans Heft dreimal in den Boden, wischte sie ab,

klappte das Messer zu und drehte sich um, teilnahms=
los in das Gras schauend.

Eine Ameise schleppte einen Wurm herbei, an seinem
linken Auge sich festbeißend; eine zweite klammerte
sich an des Wurmes Hinterteil, seine Krümmungen
lähmend; eine dritte und bald darauf eine vierte
hängten sich als Hemmschuh an seine Füße.

Der Friedli sperrte dem Gespann den Weg mit einem
Hölzchen, und als die Ameisen nicht losließen, quetschte
er eine um die andere tot, vorsichtig, damit er den
Wurm nicht verletze; als dieser aber nach seiner Be=
freiung in langen Zügen einem Graszopf zusteuerte,
zerdrückte er ihn ebenfalls, unmittelbar vor dem Gras=
busch, hernach begrub er ihn sorgfältig mit Erde.

Zwischen unterschiedlichen Halmen unter seinem Ge=
sicht stand ein Mäntelikraut, niedrig, aber groß in der
Breite, mit fünf kreisbogigen befransten Blättern, von
denen jede Rippe in gleichen Winkeln nach dem Becher
leitete, wie in der Schule, wenn er ein Fünfeck zeichnete.
Und der Becher war halb ausgefüllt mit kristallenem
Tauwasser. Allmählich schrumpfte das Wasser zu einem
kirschgroßen Tropfen zusammen.

Er brach das Kraut vom Stengel und neigte es,
bald auf diese, bald auf jene Seite, bald schräg, bald
windschief. Da rollte der Tropfen groß und schwer in
dem samtnen Becher herum, ohne ihn zu netzen, wie
das Wasser auf einer Ente, und ohne sich zu zerteilen,
wie das Quecksilber im Wetterglas.

Damit spielte er lange Zeit, bis der Tropfen nicht
mehr größer war als eine Erdbeere, dann hob er das
Blatt sorgfältig nach dem innern Augenwinkel, erst

dem rechten, nachher dem linken, und benetzte die Lider, methodisch, pedantisch.

Hierüber wurde er zufrieden, fing an mehrmals zu gähnen, drückte den Hut auf den Kopf und schritt über das Böbeli zurück, quer über den Paßweg, etwas seitwärts tiefer in den Schatten einer Steinmuhr.

Dort wälzte er sich auf den Rücken, schützte das Gesicht mit dem Hute und schlief ein.

* * *

Als er aufwachte und auf den Ellbogen gestützt sich emporrichtete, waren die Mähder drüben am Walde verschwunden. Ueber dem Dache, im Matthysenhof, quirlte wieder der Rauch, aber nicht mehr blau, sondern glasig glitzernd wie ein Kornfeld am heißen Mittag.

Er verzehrte einige Brotkrumen, die in den Falten seiner Hosentaschen übrig geblieben waren; doch was ihn jetzt hauptsächlich plagte, war der Durst. Kirschenbäume wuchsen da oben keine; und zur Quelle hinunter mochte er nicht, denn man hätte ihn daheim vom Hause gesehen. Wenn nur jemand den Verstand hätte, mit einem Weinkrug den Paß hinunter- oder heraufzukommen.

Da erschien unten über der Weide beim Kreuz ein gelber Strohhut mit einem Maien, bewegte sich unsicher in verschiedener Richtung, und ein Mädchen stieg durch die Matten den Stutz herauf, hastig und ängstlich, stets in den innersten Winkeln der Biegung sich haltend. Ein weißer Spitz umkreiste ihre Füße, schweifwedelnd, schnuppernd und niesend.

Der Friedli dehnte sich enger an die Mauer, bewegte sich hurtig rückwärts, um die Ecke, und hielt den Atem an.

Erst stieg das Mädchen nach der Mulde, wo er am Morgen gelegen hatte, stand vor dem Rock und Hute verblüfft stille, drehte sich mehrmals fragend um und versuchte endlich einen unterdrückten Jauchzer.

Der Friedli preßte seinen Rücken noch flacher ins Gras und blieb regungslos auf der Lauer.

Aber der Spitz witterte, stieß ein kurzes klägliches Jubelgeheul aus, rannte schnurgerade zu Friedli hinüber, stürzte über ihn und leckte ihm stürmisch das Gesicht und die Hände.

Jetzt wandte sich das Mädchen um, erschrak, schob sich zögernd längs der Mauer bis auf zehn Schritte heran; dann blieb sie stehen, kehrte das Gesicht abseits und legte die bloßen Arme übereinander, mit jeder Hand einen Ellbogenknöchel fassend.

„Friedli," begann sie nach einer Weile, „die Suppe ist gerüstet."

Und als der Friedli sich nicht regte, wagte sie zwei Schritte mehr und fuhr fort:

„Friedli, es ist dem Vater nicht ernst gewesen. Er weiß ja wohl, daß du nie etwas Unrechtes getan hast. Und den ganzen Morgen hat er darum herumgeredet, drüben im Heu, im Walde, die andern könnten alle nichts und du seiest der einzige, der im Notfall noch etwas leiste. Komm jetzt endlich, und mach nicht den Kolderi."

Der Friedli wandte sich ab und bröckelte schweigend mit einem Steinchen den Mörtel von der Mauer; dann versetzte er finster, ohne aufzusehen:

"Ich kann nicht! Mareili!"

Das Mareili kam noch näher und mahnte dringender:

"He! wegen ein paar ungerader Wörtlein hin und her! Du brauchst ihn ja nicht um Verzeihung zu bitten. Tu' einfach, als wäre nichts gewesen; es ist ihm selber das Liebste. Komm jetzt nur mit und setz' dich unten an den Tisch und wenn sie nachher ins Heu gehen, so nimm den Rechen. Ich habe dir ihn parat gelegt."

"Ich kann nicht!" schrie Friedli.

Das Mareili unternahm eine Bewegung, als ob es an ihn herankommen wollte, blieb jedoch mutlos stecken und zupfte ihre Unterlippe, indem sie steif nach des Hansjörgen Herde hinübersah.

Nach einer langen Zeit seufzte sie tief auf und sprach:

"Das braune Gusti (Rind), das er im Herbst gekauft hat, ist auch schon trächtig."

Während sie das sagte, schob sie ihren Arm bis zur Beuge in die Schürzentasche, holte einen funkelnden Fünflibertaler hervor und legte ihn wie zufällig auf einen breiten Mauerstein; hierauf zog sie sich scheu vor dem Schatze einen Schritt zurück.

"Das ist der Lohn für dich, vom Vater," erläuterte sie; dann beugte sie die Arme über den Magen und brütete vor sich hin.

Da schlug der Spitz zornig an: der Ueli kam über den Haag gestiegen. Das Mareili, zusammenschreckend, tat schnell noch einen Taler zu dem andern, und stahl sich flüchtend wieder der Tiefe zu.

Bei alledem rührte sich der Friedli nicht. Als aber der Ueli sich unterwegs bückte, um die Steine aus den Holzschuhen zu klopfen, juckte er in die Höhe, haschte mit einem geschickten Handgriff die beiden Taler und legte sich geschwind wieder an den alten Ort.

„Friedli, an deinem Platze hätte ich's rückgängig gemacht," meinte der Ueli, indem er dem abziehenden Mareili mit den Augen folgte.

Dumpf und verdrossen warf der Friedli hin:

„Ich kann nicht."

Und als sich der Ueli verwundert umkehrte, um in seinem Gesicht zu lesen, fügte er vertraulich hinzu:

„Die neue wollene Bettdecke für sechzehn Fränkli dem Meister verschimpfiert. Mit dem Messer dareingeschnitten."

Der Ueli prallte vor Schrecken zurück, sperrte den Mund groß auf, streckte die Arme vor sich und starrte ihn staunend an. Darauf verzog er das Maul gegen die Ohren, zwinkerte mit den Augen und versetzte bedeutsam, nachdrücklich, mit eigentümlicher Betonung:

„Es gäbe mancher viel darum, wenn man ihm bloß allein die Bettdecke verschimpfierte."

Der Friedli stand auf und forschte in seinen Zügen; dann verzog er ebenfalls das Maul und plötzlich erhoben beide gleichzeitig ein schallendes Gelächter. Doch bald ernüchterte sich der Ueli und nahm eine besorgte Miene an.

„An deinem Platze," murmelte er, „würde ich aber jetzt nicht mehr zu lange da oben bleiben. Sonst kommt der Meister mit den Knechten schneller den Berg herauf, als du auf der andern Seite unten bist."

Der Friedli zuckte verächtlich die Schulter und seine Augen funkelten.

„Es soll nur einer heraufkommen. Ich warte nur gerade auf ihn."

Während er das sagte, sprang er ungeduldig auf und schritt der Mulde zu; der Ueli hinter ihm.

„Und wohinaus in der Welt geht's?" fragte letzterer unterwegs freundschaftlich.

„Dem Teufel zu!"

* * *

Während sie den Paßweg überquerten, stapfelten von oben in überhastetem Lauf zwei Mädchen weinend über das Bödeli; das ältere, groß wie eine Erwachsene, zog das Kleine so schnell nach, daß es sich fast überschlug.

„Wo fehlt's, Providenza?" heischte der Friedli, indem er das große Mädchen strenge musterte.

„Es hat mir einer ein Goldstück gezeigt!" rief sie mit verstörtem Atem.

„Wer?"

„Ich weiß nicht, ein Fremder mit einem Alpenstock."

„Wo?"

„Unten im Rietwald, gerade bei der Krutalp."

„Und wofür?"

„Ich weiß nicht. Er hat mir nur gewinkt und das Goldstück gezeigt."

Der Ueli gab der Providenza einen Puff, daß die Erdbeerkratten, mit welchen sie behangen war, hin und her wackelten.

„So hätteſt du's doch genommen, du unvernünftiges Huhn!" rief er empört, „ein Goldſtück iſt, ſo lange die Welt ſteht, noch nichts geweſen, wovor man ſich zu fürchten brauchte."

Die Providenza geriet in Verwirrung und ſtotterte reuevoll, ſich entſchuldigend:

„Er ſah mich halt ſo ſonderbar an."

Jetzt brauſte aber der Friedli auf.

„Meinſt du vielleicht etwa gar, du rotznaſiges Ding, es wäre ihm um dich zu tun geweſen? An den Ohren ſollte man dich nehmen! Mager wie ein zweijähriges Rind, braun wie eine Zigeunerin, ungekämmt und ungewaſchen dazu, nicht einmal Strümpfe an den Füßen, und Fingerlein, daß man ſie wie Zündhölzchen zerbrechen könnte, und nirgends kein Vater und keine Mutter, daß das ärmſte Knechtli ſich ſchämen würde, dir vor den Leuten nur den Arm um den Hals zu legen, und bildet ſich ein, ein Fremder werde ſie anſehen! Die haben daheim in der Stadt ganz etwas anderes, wenn es darauf ankommt! — Weis her, was haſt du für Erdbeeren? ſind ſie reif?"

Dabei ſtieß er ſie herum, guckte in den vorderſten Kratten, tauchte die Hand bis ans Gelenk in die Erdbeeren, wühlte mit geſpreizten Fingern darin, zog die Fauſt heraus und führte ſie in den Mund.

„So! Und jetzt laß das Heulen bleiben, ſonſt gibt es eins hinter die Ohren, zum Andenken an mich."

Demütig ſenkte das Mädchen den Kopf und ſchlich ſtillſchweigend davon.

Darauf verhörte der Friedli das Jüngere:

„Was haſt du da für ein Buch?" begehrte er, riß es ihm aus der Hand, blätterte darin herum und beſah die Bilder. Darüber vergaß er ſich, daß das Mädchen vor Angſt zu zittern begann.

„Wie teuer gibſt du das her?" fragte er endlich drohend.

„He, was Ihr mir etwa dafür geben wollt."

Der Friedli zählte die Bilder, wog das Buch in der Hand, richtete den Blick ins Leere und rechnete und überlegte. Dann fing er zaudernd wieder an, die Bilder zu betrachten, das Papier zu muſtern und die Seiten zu zählen.

„Biſt du zufrieden mit einem Fünflibertaler?" polterte er plötzlich hervor, indem er die Stirn runzelte und ein grimmiges Geſicht ſchnitt.

Ein klarer Himmelsſchein von Hoffnung und Seligkeit erleuchtete den Blick des Kindes.

„Da haſt du ihn," ſprach Friedli gebieteriſch und drückte ihm den Taler mit wichtiger Gebärde in die Hohlhand.

Wie aus der Kanone geſchoſſen, eilte das Mädchen der Schweſter nach, darauf trippelten ſie beide leichtfüßig, mit zuſammengeſchmiegten Köpfen dem Tal zu, öfters ſcheu mit mühſam verhaltener Seligkeit rückwärts blickend.

Der Friedli aber behielt das Buch andächtig in der Hand und begab ſich feierlich nach der Mulde.

Dort bettete er ſich mit dem Ueli im Schatten der Wettertanne vor dem Buche zurecht, umſtändlich und einträchtig.

Zunächst buchstabierten sie den Titel, einer dem andern nachhelfend, denn es waren fremde, verschnörkelte Buchstaben.

„Märchen der Tausend und einen Nacht."

Darauf betrachteten sie miteinander die gemalten Bilder, zweimal von Anfang bis zum Ende. Als aber der Ueli den Finger hemmend auf ein Bild legte, um es noch länger zu schauen, verwies ihm Friedli strenge den Eingriff.

„Das Buch ist mein, ich habe es bezahlt. Niemand anders hat das Recht, den Finger darauf zu legen."

Mit diesen Worten wischte er eifrig die Stelle ab, wo Uelis Finger hingetippt hatte, und als nun ein roter Erdbeerfleck entstand, klagte er den Ueli vorwurfsvoll an, daß er ihm das Buch beschmutzt habe.

Danach machten sie sich an den Text, angefangen beim Untertitel, und unvergessen die Auflagenzahl, den Drucker und den Verleger.

Die Einleitung wollte der Ueli übersprungen haben, doch der Friedli fuhr ihn zornig an: er habe das Buch gekauft, und er habe deshalb das Recht, alles zu lesen. Da gehorchte der Ueli ohne Widerrede.

Nachdem sie die Geschichten angefangen, kam es ihnen vor, als wären sie selber dabei gewesen und als ob sie nicht mehr da oben auf der Paßhöhe lägen, sondern in einem schönen, grünen Garten. Kaum war jedoch die erste Geschichte zu Ende, so waren sie wieder auf der Paßhöhe. Dann lasen sie die zweite Geschichte, und hierauf die dritte und so fort, abwechselnd, je nachdem der eine müde war.

Einmal, als von einer Prinzessin erzählt wurde, welche vom Gürtel abwärts aus schwarzem Marmor bestand, stockte der Ueli mitten im Lesen.

„Das ist aber nicht wahr!" rief er entrüstet.

„Was nicht wahr?" tobte der Friedli. „Wenn's nicht wahr wäre, so würde die Erziehungsdirektion nicht erlauben, daß man es öffentlich im Buchladen verkaufte. Dann," ergänzte er in ruhigem, belehrendem Ton, „man muß eben auch wohl bedenken, daß die Geschichte in Asien spielt; da herrschen ganz andere Verhältnisse. Was wissen denn wir zwei dumme Bauern davon, die noch nie aus dem Kanton herausgekommen sind, geschweige denn aus der Schweiz? Unser einem stände es auch besser an, stillzuschweigen und einfach zu lernen, als großmäulig abzusprechen über Dinge, von denen er nicht den mindesten Hochschein hat. — Und übrigens, dafür sind es ja Märchen, damit jeder davon glauben kann, soviel er will. Ich für meinen Teil glaub's; wenn du's nicht glauben magst, so kannst du's halten, wie du willst. — Lies jetzt einstweilen nur ruhig weiter; aus dem Zusammenhang merkt man dann schon, wie es gemeint ist."

Aber der Ueli murrte und protestierte und war schlechterdings nicht zu überzeugen.

„So lies die folgende Geschichte," befahl der Friedli.

Und Ueli las vom Vogel Rock und von dem Diamantenfelsen und von dem Riesen, der das Auge in der Mitte der Stirn hatte; erbaut, ohne Anstoß zu nehmen.

Je länger sie lasen, desto besser gefiel ihnen das Buch, so daß sie nicht begriffen, wie das Mädchen die Herrlichkeit für einen Fünflibertaler hergeben mochte, und mit Genugtuung wogen sie den Rest gegen das Gelesene, denn es blieb immer noch viel mehr übrig, als sie schon gehabt hatten.

Plötzlich jedoch, mitten in der spannendsten Erzählung gebot der Friedli „Halt", zog das Buch an sich, klappte es zu und barg es sorgsam in der Rocktasche.

Umsonst schmeichelte der Ueli.

„Das Buch ist mein," erklärte der Friedli, und dabei blieb's.

Hierauf staunten sie in die Welt, Rücken an Rücken, und brüteten Betrachtungen über das Gelesene.

„Es wäre auch bei uns zu Lande manches besser," hub der Ueli nach einer Weile an, „wenn in den Höhlen wohltätige Zwergmännli wohnten, statt Kreuzottern."

„Oder," erwiderte der Friedli, „wenn jetzt so ein Heilandssakrament=Kalif auf einem Schimmeli den Paß herunterfuhrwerkte, an jedem Finger einen Edelstein, so groß, wie eine welsche Nuß."

Danach starrten sie schweigend vor sich hin, der Ueli nach den Felsen, der Friedli nach der Paßhöhe.

* * *

„Bst!" flüsterte der Friedli und stieß den Ueli mit dem Ellbogen, lueg!"

Von jenseits tauchte über die Paßhöhe ein Alpenstock auf, hernach ein Hut und ein Gesicht und allmählich das übrige. Vor der blendenden Sonnenglut konnte man erst recht unterscheiden, was es war, als er stille stand und sich seitwärts drehte.

„Das ist bei Gott der Fremde, der dem Providenza

das Goldstück gezeigt hat," raunte der Ueli. „Wahrscheinlich ist es nicht das einzige."

„Und ein kostbares Uhrgehenk hat er auch."

„Und die Nadel im Halstuch ist gewiß auch nicht von Glas."

„Was will der wohl?"

„Wahrscheinlich über die Hochweid ins Kurhaus hinunter. Da hätte er aber bei der Krutalp den Weg über den Bach nehmen müssen, statt links übers Riet. Es geht diesen Sommer von Fremden über die Hochweid wie eine Narrenfuhr. Einer verrückter als der andere, rot und grün und gescheckt, wie die Fastnacht. Mich nimmt nur in der Seele wunder, was sie dort oben zu sehen haben."

„Vor lauter Fressen und Saufen und Nichtstun wissen sie halt zuletzt nicht mehr, was anfangen!"

Der Fremde kehrte sich mehrmals unschlüssig um, tat in verschiedener Richtung einige Schritte, lehnte den Alpenstock an die Schulter und zog eine Landkarte hervor, die er eifrig studierte, hin und wieder aufblickend und über Tal und Ebene die weißen Berge ins Auge fassend.

Der Friedli verzog spöttisch das Gesicht.

„Dem wird sein Kärtli auch nicht viel helfen! Es ist ja gar kein Weg von hier nach dem Kurhaus; man muß entweder über die Matten und die Felsen, oder wieder zurück auf die Krutalp."

„Wenn jetzt einer käme und ihn wiese, so hätte er auch einen schönen Batzen zum Tagelohn! Friedli, du hast Weile und nichts zu tun; an deinem Platze ging ich."

„Erst müßte mich einer wenigstens darum fragen. Das Herrenpack ist ohnehin stolz genug; man muß sie nicht noch eigens dazu verwöhnen."

„Du redest nicht gescheiter als ein unvernünftiges Tier. Zuerst, bevor er dich fragen könnte, müßte er dich doch jedenfalls erst sehen. Das Stadtvolk ist ja gar blind; am hellen Tage müssen sie die Brille aufsetzen, wie ein altes Weib, wenn sie auf hundert Schritt eine Kuh von einem Stier unterscheiden wollen. Du mußt ihm halt Zeichen machen; begreife."

Und ohne Friedli's Antwort abzuwarten, hüstelte er ein wenig und schneuzte die Nase.

Der Fremde blickte rasch auf wie ein lauschender Hase, spähte steif nach der Richtung, von wo der Ton gekommen war, klemmte ein Glas vor das Auge und winkte mit nachlässiger, stolzer Handbewegung.

Die beiden Knechte hatten sich unwillkürlich zurückgezogen, als der Fremde gegen sie blickte; aber so bald er winkte, faßten sie sich wieder.

„Der kann mir meinetwegen winken bis zum jüngsten Tag," spottete der Friedli lachend, „ich bin nicht sein Hund. Wenn er etwas von mir will, so darf er sich schon die Mühe geben, zu mir zu kommen. — Und ein grober, ungebildeter Heilandsbonnerwetter ist er auch, nicht einmal den Hut abzuziehen, wenn er einem Menschen begegnet! Das weiß ja bei uns zu Land das jüngste Knechtli besser, was sich schickt und was sich gehört."

„Friedli, mach' nicht den Kolderi! Es ist ein Fremder. Der kann ja nicht wissen, was hier zu Lande der Brauch ist."

Der Fremde winkte eifriger und herrischer. Plötzlich bewegte er ungeduldig die Schultern, stieß das Glas vom Auge und kam mit leichtfüßigen, wohlgefälligen Schritten stracks heran, selbstbewußt in den Hüften sich wiegend, bis auf vier Mannslängen. Dort stutzte er, warf das Glas wieder vor das Auge und betrachtete einen Moment die Knechte, ohne ein Glied zu rühren; aufrecht, wie ein Gemsbock, wenn er meint, er sehe etwas. Hierauf wich er, ohne ein Wort zu sagen, behutsam zurück, erst langsam, später schleunig.

"Ich glaube gar, er fürchtet sich vor uns," hohnlachte der Ueli und Friedli lachte mit.

Und als der Fremde bei dem Gelächter noch deutlicher abseits schwenkte, steckten sie beide den Daumen und Mittelfinger in den Mund und stießen ein halbes Dutzend gellender Pfiffe aus.

Der Fremde steuerte im Rückzug gegen den nächsten Felsen.

"Ja, wohin will jetzt der?" rief der Ueli belustigt. "Ich glaube gar auf die Teufelsfluh!"

"Sei nur ruhig und zufrieden! der kommt geschwind wieder herunter."

"Vorwärts, jedenfalls kommt er nicht weit! — Uebrigens, Friedli, es kommt dir zugute. Denn wenn er sich versteigt und in die Nacht hineingerät, so schenkt er dir mehr. — Weiß Gott, der meineidige, verdammte Himmelssakrament zobbelt auf das Stiereköpfli!! sieh doch nur selber! Der Teufel soll mich holen, wenn er auf dem Wege anderswo hinkommt als auf das Stiereköpfli! — Ich wollte bloß, er bliebe mit der Uhrkette an einem Haselstock hangen, den Kopf zu unterst, daß ihm die Goldstücke aus den umgekehrten Taschen hüpften, wie junge Geißlein. Ich würde sie ihm schon suchen helfen."

„Nein, was ich wollte, das wäre, daß er sich auf das Känzeli verirrte und weder vorwärts noch rückwärts könnte. Ich würde dann einfach sagen: „Gibst mir sechzehn Fränkli, wenn ich dich herunterhole! gibst mir sie? oder meinetwegen kannst du da oben übernachten."

„Warum just gerade sechzehn? Ich weiß warum. Gelt, die Bettdecke liegt dir im Magen, die du dem Matthys verschimpfiert hast?"

Inzwischen war der Fremde in den krausen Büschen der Fluh entschwunden.

„Mich nimmt nur wunder, wo er wieder zum Vorschein kommt," sagte Friedli.

„He, wo anders als den Schuttstein herab? Es wird nicht lange dauern."

„Es ist mir lieber, er kommt den Schuttstein herab, als daß er über die Stierenfluh hinunterstolpert. In zwei Stunden ist es Nacht. Und was will so einer in der Nacht dort droben, wo unser einer am Tag Mühe hat."

Während er noch sprach, kollerte zwischen einer Wolke von Staub und Geröll der Fremde die Schutthalde herab, ohne Hut und Alpenstock, übrigens ohne sich zu überschlagen.

„Komm, Ueli, mahnte der Friedli besorgt, „es kann leicht sein, er hat sich etwas zerbrochen."

Der Ueli sah scharf hin, dann tröstete er:

„Es tut ihm nichts. Da steht er ja schon wieder auf.

Er ist nur ein wenig unsinnig und aufgebracht; lueg, wie er mit den Armen fuchtelt. Ich nehm' ihm's nicht übel, es ist kein Spaß, den Schuttstein hinunter, besonders mit so feinen Höslein und Schühlein."

Diesmal eilte der Fremde ohne Aufenthalt zu den Knechten heran, außer sich vor Zorn, und sich bitter beschwerend, daß man einen Nebenmenschen, der sich verirrt habe und hier zu Land fremd sei, auf die gefährlichsten Felsen lasse, ohne ihn mit einem einzigen Wort zu warnen.

"Es hat mich ja kein Mensch gefragt," entgegnete der Friedli gelassen. Zugleich erhob er sich, zog seinen Rock an, hängte die Tasche darüber, stülpte den Hut auf den Kopf und ergriff den Stecken.

"Wohin wollt Ihr, wenn es erlaubt ist?" fragte er im höflichen Ton. "Wahrscheinlich über die Hochweid? dem Kurhaus zu?"

Der Fremde überfiel die Frage mit ungeduldiger, angeekelter Gebärde.

Der Friedli beruhigte ihn väterlich.

"Wir kommen noch wohl vor Nacht an; ihr müßt Euch deswegen nicht aufregen. Es ist wahr, es hat Euch ein wenig bös mitgespielt; es ist jammerschade um die feinen Höslein. Aber den Hut und den Alpenstock findet man morgen schon, darum braucht ihr keinen Kummer zu haben."

Hierauf, um ihn zu trösten, klopfte er ihm sanft die Erde von den Kleidern und las ihm die Halme aus dem Schnurrbart:

"Kommt jetzt nur mit," schloß er freundlich, "ich gehe voran."

Mit diesen Worten schritt er der Paßhöhe zu, in der Richtung, wo der Fremde zuerst heraufgestiegen war.

Dieser jedoch verneinte unwillig und verächtlich mit dem Kopfe, schnalzte ärgerlich mit der Zunge, zog seine Karte hervor und schlug einen Augenblick später zuversichtlich eine andere Richtung ein.

„Dort hinaus gelangt Ihr Euer Lebtag nie auf die Hochweide, mahnte der Friedli gütig. „Dort führt es nach dem Taubenloch."

Und der Ueli, aufstehend, rief warnend:

„Es ist nicht gut, Herr, im Taubenloch, um diese Tageszeit. Ihr könntet über die Wand stürzen. Es ist gar leicht ein falscher Tritt geschehen!"

Der Fremde brummte etwas vor sich hin, schlenkerte das Bein und beharrte entschlossen mit festen Schritten auf seiner Richtung.

Friedlis Stirn verfinsterte sich.

„Du, Ueli, hör' einmal: das Beinschlenkern hat mir nicht gefallen. Es ist gerade so, als wenn er einem Hund einen Tritt hätte versetzen wollen."

„Du mußt das nicht so genau nehmen; sie sind gar unflätig, die Herrenleute. Geh'! hilf ihm, weis' ihn! sonst könnte ihm noch etwas passieren."

„Und was hat er vor sich gebrummt? Es ist nur gut, daß ich's nicht deutlich gehört habe."

„Geh'! mach' nicht den Kolderi! Wenn er in die Nacht hineingerät, so schnellt es ihn so sicher über die Wand, als ich hier stehe. Wenn es nicht wegen dem Melken wäre, so ginge ich selber. Man kann doch beim Kuckuck nicht einfach ruhig zusehen, wie einer narrenmäßig dem Tod entgegenstrolcht, aus lauter Trotz und

Eigensinn. Das wär jetzt so etwas, wie du gesagt hast: gibst mir sechzehn Fränkli, wenn ich dir helfe."

Der Friedli sah ihn gierig an und rief hitzig: „Meinst, er gibt mir sechzehn Fränkli?"

„He, du Narr, wenn doch einer für einen einfachen Kratten Erdbeeren ein Goldstück zahlt, meinst du dann, es komme ihm auf Hunderte oder Tausende an, wenn es ihm ans Leben geht?"

„Weiß Gott, du hast recht. Und was er mir mehr gibt, als sechzehn Fränkli, das bekommst du für den guten Rat. Bleibst da, bis ich wieder zurückkomme?"

„Nein, ich muß heim, melken; es ist die höchste Zeit; der Sonne nach ist es schon mehr als sechs. Aber ich warte dir nachher am gleichen Ort. Oder wenn du etwa früher zurück bist, so warte du mir. Aber du darfst dich jetzt nicht versäumen, sonst liegt er dir unten im Krachen, bevor du zu ihm kommst."

* * *

Der Ueli ging heim, melken; und da ihm der Hansjörg befahl, eine Heugabel zu feilen, mußte er bleiben, bis es dunkelte.

Darauf tat er, als ob er schlafen wollte, holte sein Geldbeutelchen aus der Matratze hervor und schlich dann hinter dem Hause nach dem Wald und dort durch das Gesträuch, am Waldsaum gegen das Bödeli hinauf.

Halbwegs, auf einem Gupf, unmittelbar am Walde, sah er das Mareili stehen; das guckte nach der Wettertanne hinauf und hielt den Arm über die Stirn, wegen der Blendung.

„Es macht schön diesen Abend, Mareili," meinte

der Ueli dicht hinter ihr, so daß sie nicht Zeit fand, in den Wald zu schlüpfen.

Das Mareili schreckte zusammen, faßte sich jedoch gleich und antwortete, ohne sich umzuschauen: „Ja, es macht nicht so heiß, wie um Mittag."

„Wie ist es gegangen heute beim Heuet?"

„He, es könnte besser sein."

„Was tust du da oben? Spazierst ein wenig?"

„Maien such' ich, für das Kind."

„Ich glaube, das Kind ist einen Kopf größer als ich und hat einen Nacken wie ein Stier und einen feinen, blonden Bartflaum neben den Ohren. Aber gelt, den Maien, den er dir genommen hat, wenn du den wieder bekommen könntest, so gäbest du auch viel darum?"

Das Mareili zog die Schürze über die Augen und duckte sich in den Wald.

Als er auf dem Bödeli anlangte, war der Friedli noch nicht zurück. „Wenn er mir nicht selber gesagt hätte, er komme wieder, so würde ich fast glauben, er käme überhaupt nicht," murmelte er vor sich hin.

Gelangweilt ging er ihm ein wenig entgegen, erst nur ein paar Schritte, dann noch ein paar und noch ein paar, bis an die Kante, zum Taubenloch. Aber von der Sonne wurde ihm so rot vor den Augen, daß er, je länger, desto weniger sehen konnte. Deshalb kehrte er um und ging langsam wieder ein paar Schritte zurück; denn auf diese Weise vermochte er doch wenigstens das Bödeli zu übersehen, wie am hellen Tage.

Nachdem die Sonne schon ganz hinter dem Taubenloch verschwunden war, hörte er oben auf dem Felsen das Holz knacken, wie wenn ein großes Tier flüchtete.

„Friedli, bist du's?" rief er vertraulich.

„Wo steckst, Ueli?"

„Gerade unten an den Flühen. Komm nur herab. es ist gleich wo, ich finde dich schon. Wenn ich dich nicht sehe, so höre ich dich."

Bald darauf sprang der Friedli mit einigen verwegenen Sätzen von den Blöcken in die Kluft, von der Kluft in das Gesträpp und von da rutschend auf das Bödeli.

„Da lueg, Ueli," schrie er wütend, „was ist das?"

„Kehr' dich doch zuerst um; ich kann ja vor der Sonnenröte nichts sehen."

„Und jetzt? das? was ist das."

„He, ein Zweibätzner ist das."

„Den hat mir der Fremde geschenkt, für den Taglohn," brüllte der Friedli keuchend vor Grimm.

„Ein Zweibätzner," urteilte der Ueli bedenklich, „ein Zweibätzner, um einem den Weg zu weisen, abends um halb sieben, über das Taubenloch, das ist nicht viel. Da hätte ich mein Geldsäckli ebensogut daheim lassen können."

„Was den Weg weisen?" schnaubte der Friedli, „es handelt sich nicht darum, den Weg zu weisen. Tragen habe ich ihn müssen, tragen wie ein Kind, über die ganze Wand, so hat er mit den Knieen geschlottert. Und unten, auf dem schönsten, saubersten, manierlichsten Weg, fährt mir der Chaib, weiß Gott, zusammenfüßlings über eine Platte hinaus; und wenn ich ihn nicht am Arm gepackt hätte, so könnte man ihn morgen früh unten im Graben mit Schaufeln zusammenlesen."

„Warum hast du ihm denn nicht gesagt, als du ihn

gepackt hatteſt, gibſt mir die ſechzehn Fränkli oder ich
laß dich platſchen."

Kleinlaut und beſchämt antwortete der Friedli:
„Es iſt mir halt in der Geſchwindigkeit nicht in den
Sinn gekommen, als er ſo über dem Abgrund hing und
vor Angſt ſchnappte wie ein Fiſchli an der Angel. —
Und ſpäter war mir's wieder, jetzt ſei's zu ſpät und es
ſchicke ſich nicht, ihm die Rechnung zu machen, als wüßte
er nicht von ſelber, was ſich gehört."

„So biſt du halt einfach ſelber Schuld. Man darf
mit den Fremden nicht ſo zimperlich tun; ſie meinen ja
ohnehin ſchon, es ſei eine Ehre, wenn man ſie nur an=
rühren dürfe. Aber ein räudiger Geizkragen bleibt er
dennoch, trotz alledem. Ein einfältiger Zweibätzner!
nachdem man ihn über die ganze Wand hat tragen
müſſen! Wenn ich ja mit einer Brändte Milch übers
Taubenloch muß, bekomme ich fünf Batzen dafür."

„Ich wollte von allem gar nicht reden. Aber die
Art, wie er mir's gegeben hat! ‚Da nehm' er,' hat er
geſagt, und mir den Bätzner ſo rückwärts in die Hand
gedrückt wie ein Almoſen. Begreifſt du? ‚er', das war
ich gemeint. Und nicht einmal ‚gute Nacht' oder ‚ver=
gelt's Gott', ſondern nichts als ‚nehm er', durch die
Naſe, wie der Schulmeiſter in der Kirche. Es iſt mir
nur nicht ſogleich deutlich geworden. Erſt hinterdrein,
als er ſchon fort war, hat mir's in den Ohren
geklungen, wie er's ſagte. Sonſt hätte ich ihm eine
andere ‚gute Nacht' mit auf den Weg gegeben. — Aber
das kannſt du dir leicht einbilden: unten auf dem
Flückiger Mättli hab ich ihn ſtehen laſſen, er kann jetzt
ſelber luegen, ob er einen andern Narren findet, der

ihn für einen Zweibätzner in der Nacht nach dem Kurhaus begleitet."

„Auf dem Flückiger Mättli, Friedli, das ist nicht gut. Er könnte in der Dunkelheit den Krachen hinunter rutschen, dem Wasserfall zu."

„Wenn er in den Wasserfall serbelt, so ist das seine eigene Schuld. Ich habe ihm so deutlich wie etwas gesagt, er solle links halten."

„Links oder nicht links, deutlich oder nicht deutlich: eim Fremder, lueg, das ist wie ein Kind, man darf ihn nie allein lassen."

„So sollen sie daheim bleiben, wenn sie nicht einmal rechts und links verstehen."

„Ich habe nichts dagegen, ich habe sie nicht gerufen und ich brauche sie auch nicht. Meine Meinung ist einfach die: wenn er jetzt mit zerbrochenen Gliedern unten im Wasser weißget (winselt), so hat ihn die ganze Gemeinde auf dem Gewissen?"

„Meinst, sie habe ihn auf dem Gewissen?"

„Wer sonst? Der Papst nicht. Und eine Schande wäre es dazu, für den ganzen Kanton, wenn es am nächsten Schützenfest hieße, es wäre ein Fremder in unserer Gegend umgekommen wie ein Hund, der niemand gehört, bloß weil man ihm nicht einmal den Weg gezeigt hat, in der Dunkelheit, mitten auf dem Flückiger Mättli."

„Kommst mit."

„Denk' wohl. Hoffentlich. Hilft man doch einem einfältigen Tierli, wenn es sich verstiegen hat, geschweige denn einem Menschen. Ohnehin ist es gescheiter, man sei bei dir. Du bist ein Kolderi, das weißt du ja am besten selber. Ich muß nur noch zuerst das Gitter zusperren, damit mir die Ware nicht über die Felsen hinunter zobbelt. In gegenwärtigen Zeiten gibt es Stieren und Gusti, sie sind fast so dumm, wie ein Mensch."

Mit diesen Worten verschwand der Ueli in der Dämmerung.

Kaum war er fort, so hörte der Friedli ein Schluchzen hinter sich und das Mareili zupfte ihn furchtsam am Aermel.

"Komm heim, Friedli," mahnte sie. "Der Vater läßt dir sagen, es tu' ihm leid. Du sollest nur wiederkommen und tun, als wenn nichts gewesen wäre. Es gäbe ja dann schon wieder einmal eine Gelegenheit, daß man's wieder gut machen könne."

Während ihrer Rede zerrte sie ihn ruckweise bald an dem einen, bald an dem andern Arm, um ihn wegzuziehen.

Der Friedli ließ es geduldig geschehen, mit Brust und Leib nachgebend, so daß sie ihn links und rechts drehte, wie wenn er mähen wollte. Aber mit den Schenkeln hielt er Stand und mit den Füßen wich er keinen Zoll vom Platze.

"Ist's etwa wegen der verschimpfierten Bettdecke?" flüsterte das Mareili. "Gelt, es ist wegen der verschimpfierten Bettdecke? Aber wegen der Bettdecke braucht sich nichts. Ich habe meine dafür hingelegt und deine statt meiner, so daß es der Vater nicht gemerkt hat."

Jetzt ließ sich der Friedli zaudernd wegführen, wurde indessen nach einigen Schritten plötzlich wieder störrisch.

„Ich muß erst etwas mit dem Ueli reden; ich habe ihm's versprochen."

„Aber nachher, nachher kommst du?"

Und schon zufrieden, daß er nicht widersprach, bettelte sie dringend:

„Darf ich das Fenster für dich offen lassen?"

Ausweichend brummte der Friebli:

„Mach' daß du fortkommst! Schämen solltest du dich, eine Meisterstochter und nachts spät um neun Uhr den Knechten im Wald nachzulaufen."

Diese Beschämung scheuchte sie in die Flucht. Im Abgehen rief sie ihm nochmals gedämpft zu:

„Ich lasse dann also, wie gesagt, das Fenster offen. . . ."

„Was ist, Friebli," zischelte der Ueli, der unbemerkt herbeigekommen war, „hast du dich anders besonnen? Gehst du die Nacht durchs Fenster? Es wäre vielleicht das Gescheiteste von allem."

„Wenn ich will, so gehe ich, und wenn ich gehe, so brauche ich keinem Menschen auf der ganzen Welt darüber Rechenschaft abzulegen."

Darauf zogen sie miteinander angestrengt durch den Wald dem Flückiger Mätteli zu.

* * *

Als sie auf dem Flückiger Mätteli anlangten, war alles so still, daß man hätte meinen sollen, man müßte die Sterne, wenn sie so büschelweise wie reife Walnüsse heruntergehagelten, zischen und kläpfen hören.

„Ich hab' ihm doch deutlich genug zugejauchzt,"

machte der Friedli maßleidig. „Er hätte einfach brauchen stehen zu bleiben."

„Es ist mir fast vorgekommen, je verfluchter man ihm zujauchzte, desto verfluchter ist er weggelaufen. — Uebrigens, der Mond kann nicht mehr weit sein; es muß sich jetzt bald weisen." —

Sie warteten den Mond ab, suchten dann mit den Augen unter sich und ließen miteinander gellende Jauchzer los.

„Jetzt fehlt sich nichts mehr, Friedli, jetzt ist er irgendwo hinuntergerollt. Es kann auf der ganzen Welt nirgends anders sein, als höchstens in dem Krachen, dem Wasserfall zu."

Der Wasserfall toste immer stärker. Die Bachhöhle obwärts davon brauste und donnerte. Blaue Mond= lichter sprenkelten die Grotte. Der vorankletternde Ueli hielt plötzlich an, bückte sich und schrie:

„Da liegt er! Es ist ihn! Unten im Bach! auf dem Grien (Kies)!"

Und Friedli, nachdem er herbeigesprungen, urteilte:

„Der braucht keinen Doktor mehr! Lueg, wie er die gläsigen Augen aufsperrt! Es nimmt mich nur wunder, wie er in den Kessel hineingeraten ist. Wenn einer schon wollte, so hätte er die elendeste Mühe."

„Es wird ihn halt über den Krachen herunter= geschnellt haben!"

Und wie sie nun auf= und abspähten, was für eine Sturzbahn er etwa möge genommen haben, hing ein Fetzen Zeug oben an einem Ast, und unten auf einer Platte lag eine Geldbörse mit aufgesperrtem Maul und weit darum herumgestreut glitzerten viele Goldstücke.

„Donnerwetter!" entfuhr es dem Ueli und sein Atem keuchte vor Aufregung.

Der Friedli starrte lange Zeit nach dem blinkenden Golde, dann schloß er traurig und mutlos!

„Da ist jetzt nichts anderes zu machen; das muß man halt einfach alles zusammensuchen und wieder in den Geldsäckel tun; es gehört halt doch niemand anders als ihm. Und eine Schande für die ganze Gemeinde wäre es auch, wenn es hieß, es wäre ihm ein einziger Rappen verloren gegangen."

Also suchten sie mühsam, mit verwegenem Klettern, ob nicht noch andere Goldstücke etwa noch einzeln sich verirrt hätten.

„Es ist nichts mehr," sprach endlich der Ueli bestimmt.

„Es ist nichts mehr," bestätigte der Friedli.

Hierauf wischten sie mit dem Handrücken den Schweiß von der Stirn, hoben den Leichnam aus dem Bachkessel und trugen beides, den Körper und das Gold, vorsichtig nach dem Flüchtiger Mätteli hinauf. Dort betteten sie den Toten bedächtig auf das Gras, steckten ihm die volle Börse säuberlich in die Rocktasche zurück, setzten sich links und rechts neben ihn und jauchzten verzweifelt.

„Es wird's zuletzt wohl jemand hören."

„Und aus dem Kurhause werden sie ihn wahrscheinlich auch suchen, wenn er nicht zum Nachtessen heimgekommen ist."

Doch mit der Zeit wurde ihr Jauchzen seltener, ihr Atem aber lauter und allmählich mit Brust und Kopf tiefer sinkend, glitten sie schlummernd längs dem Leichnam ins Gras.

Von beiden Seiten aber legte jeder im Schlaf den Arm schützend über die Rocktasche.

* * *

Laternenschein und Stimmengewirr schreckte sie aus den Träumen. Eine Schar Männer stand um sie herum, und eine junge, fremde, schöne, fürnehme Frau, wie eine Prinzessin aus dem Märchenbuch, warf sich mit gräßlichem Schreien auf den Leichnam, und tat ganz unsinnig.

Die beiden Knechte, ganz verlegen, beteuerten unaufhörlich, es sei kein Rappen verloren gegangen, bis die Kurhausmannen die schöne Frau wegzogen und den Leichnam forttrugen, den Flückiger Hubel (Hügel) hinab durch den Gaißwald.

So lange man die Laternen sehen, und das Jammergeschrei der jungen, fürnehmen Frau hören konnte, sagte keiner der Knechte ein Wort.

Dann fing der Ueli ernst an:

„Die hat aber geweißget!!"

Nach einigem Schweigen gab Friedli nachdrücklich zur Antwort:

„Es ist halt doch schön, wenn einer wenigstens jemand auf der Welt hat, der um ihn weißget, wenn er auf dem Schragen liegt."

Nach einer Weile, da ihn die vielen Sterne am Himmel so sonderbar anguckten, versetzte er:

„Auf was für einem von allen denen dort oben er jetzt wohl herumstolpern mag?"

Ueber diese Frage geriet der Ueli in Verwunderung, und vor Verwunderung schlief er zum zweiten Male ein.

Eine Meise piepte traurig im Holz, und gleich darauf schlug eine Lerche an.

Der Ueli fuhr schnaufend in die Höhe, stöhnte tief auf und blickte sich fröstelnd um.

Der Friedli war verschwunden.

Lange staunte der Ueli auf den leeren Platz; endlich brummte er vor sich hin:

„Aha! jetzt ist er also doch fort." Und je mehr er auf dem Heimweg daran dachte, desto mehr begriff er, daß das Mareili jetzt frei sei, und daß es mit seinem Stolz jetzt wohl nicht mehr so gefährlich beschaffen sein werde, jetzt, da es froh sein müsse, wenn sich überhaupt nur noch einer mit ihr abgeben wolle, sei er nun Bauer oder Knecht oder gar nur ein Jungknecht und Stallbursch.

Und oben auf dem Bödeli, als es schon heiter heller Tag war und er den Matthysenhof in den Weiden unter sich sah, sauber, wie ein gemaltes Osterei in einem Garten, und das frische Gras roch, das dem Matthys gehörte, fiel ihm ein, wer des Matthysen Mareili zum Schatze habe, dem würde es schwerlich zum schlimmsten in dieser Welt gehen, so daß er sich witziger vorkam als sonst und stille stand, um sich das alles von oben grünblich anzusehen, ehe er heimginge.

Da jauchzte ihm jemand so ungattig ins rechte Ohr, daß er beinahe erschrocken zusammengefahren wäre.

„Ja was? Friedli, du bist's?"

„Denk' wohl, ich bin's. Oder ich müßte mich gewaltig verändert haben, seit drei Stunden, wenn ich's nicht mehr wäre."

„Weißt du auch, was mir diese Nacht geträumt hat?"

„Was wird dir geträumt haben? Daß du in der Eintracht beim Vinzenz sitzest, vom Samstag sechs Uhr bis Sonntag nachts um zwölf Uhr, mit einem mordsmäßigen Rausch, bis du den letzten Rappen verspielt hast?"

„Nein, das hat mir nicht geträumt. Etwas anderes hat mir geträumt: Du seiest wie ein Ungeheuer durch die Luft geflogen, mit schwarzen Fledermausflügeln, die Augen außen vor dem Kopfe, und habest in einem fort gerufen: „Ueli, jetzt ist's gefehlt, jetzt habe ich ihn hingemacht." Und der Fremde, aber eigentlich nicht der Fremde, sondern der Kalif, unten im Krachen, mit den gläsernen Augen, hat mir ein Zeichen gemacht und dann mit der Hand einen Hahn am Wasserfall gedreht, daß es lauter Dublonen spritzte. Aber wie ich mit dem Milchkessel drunter fahren will, so tanzt das goldene Zeug wie unsinnig in der Luft herum, wie ein Mückenschwarm in der Abendröte, wenn man mit der Geißel dazwischen geknallt hat."

„Es träumt manchem Narren manches Narrhafte."

„Und dir, was hat denn eigentlich dir geträumt, Friedli, daß du so frühzeitig auf und davon bist?"

„Gelt, wenn ich dir's sagte, so würdest du's wissen? — Das Gleiche wie dir, nur ganz anders. — Aber es ist doch an allem nicht ein Brosämlein wahr, daß ich ihn hätte sollen hingemacht haben. Das kannst du ja selber am besten bezeugen. Oder sag' selber?"

„Es ist mir lieber für dich, es sei nicht wahr. Denn wenn er hätte sollen hingemacht sein, so ist er ja jetzt doch hin, und dir ist wohler auf diese Art. Aber was ist jetzt eigentlich Trumpf bei Dir?"

„Was jetzt bei mir Trumpf ist? Heimzu geht's jetzt. Das ist jetzt bei mir Trumpf. Zum Matthys, oder zum Mareili, wenn's dir besser gefällt. Lueg, das Fensterli ist noch offen."

Nach diesen Worten hielt er beide Hände als Muscheln vor den Mund, schöpfte saugend die ganze gewaltige Brust voll Atem, hob sich auf die Zehen und ließ einen mordsmäßigen Jauchzer ins Tal, daß es an allen Flühen widerhallte bis zu den Holderbachfelsen.

Gleich darauf rührte sich etwas am Fensterli und ein verschrockener, verweinter Jobler hauchte bebend und kaum vernehmbar:

„Ju, ju!"

Friedli verzog glückselig den Mund.

„Das ist sie, das Mareili," erklärte er lachend.

Dann plötzlich mit gerunzelter Stirn und rollenden Augen knirschte er:

„Aber heute bin ich am ersten auf! Heute will ich ihnen zeigen, was Mähen ist! Die traurigen, elendigen, miserablichten Schnaujer, die sie sind, nicht einmal das nichtige jämmerliche Waldmätteli zu Boden mähen können, ihrer zwölfe, vom Morgen bis zum Abend! — Aber zuerst trink ich einen währschaften Kaffee! Lueg wie es brodelt, zum Kamin heraus, das Wölklein. Es ist das Mareili. Die Donnerskrott ist zum Bett ausgesprungen und barfuß in die Küche gelaufen, nur damit ich den Kaffee geschwinder bekomme."

Damit marschierte er unter taktmäßigem Jodeln rüstig und lustig den Stutz hinab, im Sprungschritt, dem Matthysenhof zu.

———